図説

ヨーロッパ服飾史

徳井淑子

河出書房新社

図説
ヨーロッパ服飾史

目次

第三章　異国趣味とレトロ趣味

第四章　ジェンダー、下着、子ども服

第一章 身体の誇張

1 九―一三世紀 ゲルマン服飾の伝統

古代地中海文明とゲルマン民族

日本のきものが、長いあいだほとんど形態上の目立った変化をみせなかったのに対し、ヨーロッパの衣服は、時代とともにかたちを大きく変化させてきた。その歴史はシルエットの歴史ともいわれる。きものが反物から直線で切りとった布片を縫い合わせて平面構成されているのに対し、曲線で裁たれたパーツを組み合わせ、さまざまな技をもって立体的な身体に添わせようと造形するのが、ヨーロッパ服飾の特徴である。今日のテーラー・メイドのジャケットはそのような歴史の到達点である。そして、このような造形性はしばしば身体の自然なラインとはかけ離れた形態を生んできた。逆説的ではあるが、身体に添った衣服を目指すがゆえに、しばしばそのかたちが誇張され変形されてきたのである。そしてさまざまなかたちが試みられてきたのは、ひとがいつも服飾によってなにかを主張しようとしてきたからである。モードを牽引するのが宮廷であった時代には、モードは支配者の権力の表象として意味をもち、経済発展をとげた近代社会では、モードは個の表象としてやはり意味をもった。

ヨーロッパ服飾の特質が身体の造形性へのこだわりにあるとみるとき、その原点はどこに求められるのだろうか。衣服の形態を大きく分類すると、ヨーロッパの衣服のように身体を緊密に包む「窄衣《さくい》」型と、日本のきもののように身体に布を懸けて着る「懸衣《かけぎぬ》」型の二つに分けられる。窄衣型の衣服は、実は古代文明を誇ったギリシア人やローマ人にはみられなかった。地中海文明の彼らの衣服は日本人のきものに類似し、一枚の布を身体に懸け、帯やブローチによって着付ける全身着である。もちろん彼らは両脚を別々にくるむというズボンの形態も知らなかった。古代ローマ末期にズボンを着用するようになったのは、ゲルマン民族との接触によって、北方民族の服飾を知ったからである。

つまりズボンとの組み合わせの二部形式で、窄衣を特徴とする西洋服は、寒冷の地域に住み、ズボンを必要としたゲルマン民族の服飾にさかのぼる。彼らは森の民として騎馬の習慣をもったから、脚を別々にくる

古代ギリシアの衣服は、布地の裁断や縫製をほとんど行わない簡素なつくりだが、ドレーパリーの美しさは格別である（大英博物館）。

Tシャツ型のチュニックの上に、幅2メートル、長さ6メートルの大きな布を身体に巻き付けるのが、古代ローマの男性の外出着である。トガと呼ぶこの懸衣は、ギリシア服と同様に美しいドレーパリーをつくることが着こなしのポイント。布のかたちは半円形、台形、楕円形などが推測されているが、正確にはわかっていない（ローマ、《平和の祭壇》紀元1世紀初頭）。

むズボンはさらに都合がよかった。ヨーロッパ服飾の原型は、後進のゲルマン民族の服装にあり、古代文明を開花させたギリシアやローマにはないのである。古代の懸衣型の服飾は、その後のヨーロッパの歴史のなかで模倣され、復古することは繰り返されたものの、造形の本質として歩むことはなかった。

　ゲルマン民族の服飾にさかのぼる西洋服の詳細がわかるようになるのは、せいぜい九世紀、カロリング・ルネサンスと呼ばれる文化を築いたフランク王国のカール大帝（在位七六八～八一四年）の時代からである。東欧で繁栄を誇ったビザンティン文明の服飾については、早くから多くの史料があるものの、ヨーロッパ大陸中央部におけるゲルマン民族の服装の実態については、大帝の時代まで、若干の彫像や写本挿絵、あるいは埋葬された遺骸に残った衣服の断片などの科学的分析によってしのばれる程度で、きわめて限られている。アインハルトの『カール大帝伝』によれば、大帝の宮廷では、公式の服

800年にローマ皇帝に戴冠されたカール大帝を描いた典礼書の挿絵。中央に描かれているのがカール大帝で、素朴ながらチュニックと脚衣の組み合わせという中世初期のゲルマン民族の服装をよく伝えている（フランス国立図書館Ms.lat.1141, f.2v.）。

七宝によるジョフロア・プランタジュネの墓板。フランスのアンジュー伯ジョフロア・プランタジュネはウィリアム征服王の孫娘を妻とし、息子はプランタジネット朝を開き、イングランド王ヘンリー2世となる。ドレーパリーを特徴とするシュミーズの上にブリオー、さらにマントを重ねている。マントの裏の碁盤縞は、りすの毛皮が接ぎ合わされた様子を示す（ル・マン、テッセ美術館）。

装として「ローマ風の長衣」が採用されていたようだが、彼は土地のゲルマン民族の服装を好んだという。「亜麻布の下着とズボン」の上に「上着とズボン」、脛《すね》に脚絆《きゃはん》を巻き、マントを羽織ると記されている服装は、図（五ページ下）が示す長めの上着とタイツのようにみえる脚衣の組み合わせのことだろう。上着と脚衣の二部形式こそゲルマン服飾の特徴であり、これにマントを羽織る服装が、その後の中世服飾の基本となる。

　ズボンらしい形状を明確に示しているのは、一〇六六年にフランスのノルマン人がイングランドを侵略したヘースティングスの戦いを記録した《バイユーのタピスリー》である。毛糸で刺繍された幅五〇センチの麻布とはいえ、七〇メートルにおよぶ画面は当時の風俗を伝える第一級の史料で、ノルマン人とアングロ・サクソン族の風俗の相違も描き分けられている。ノルマンディー公ギヨームの頭髪が後ろで高く剃りあげられているのは、この頃のフランスの流行である。一方でイングランドのハロルドが口髭を生やしているのは、アングロ・サクソンの風俗である。

隠蔽と顕示

一一世紀末から男性の上着は長くなり、ズボンは下着として隠れてしまう。女性服と大差のなくなったワンピース型の長衣は一四世紀半ばまで続き、その後、上着とズボンの二部形式がふたたび現れ、両者の共存を経て、一五世紀にようやく二部形式は定着する。

　ヨーロッパ大陸の中央部が、経済、学問、文芸などあらゆる領域で革新的な展開をみたのは一二世紀であり、一二世紀ルネサンスと呼ばれる時代である。それまで素朴な二部形式であった男性の服が、「女のようだ」と教会人に揶揄されながら優雅な長衣になったのも、文化の隆盛を物語っている。

パリの南西に位置するシャルトルの大聖堂西正面口の人物像である。旧約聖書の人物が表されているが、女性の服装は制作された12世紀半ばの流行を示している（左端）。

鷹狩りに行く二人の騎士のうち、前を行くのはノルマンディー公ギヨーム（ウィリアム征服王）、後ろはアングロ・サクソンのハロルド王である。頭髪を剃りあげたギヨームと髭を生やしたハロルド、英仏の風俗が描き分けられている（バイユー、王妃マチルド美術館）。

　フランス語でブリオー（bliaut）と呼ばれた丈量豊かな全身着は、ゲルマン民族の服飾を大きく逸脱している。とくに女性のブリオーは、豊かな布地が生む襞《ひだ》と、漏斗《じょうご》型に広がった袖を特徴とし、ゲルマンの伝統からはほど遠い。これは十字軍の遠征などによるイスラム文化圏の影響によると推測されているが、詳細は未だ解明されていない。ちなみに、この大きな袖は、恋人に愛の保証として贈るという愛の儀礼を生んでいる。女性から贈呈された袖を、男性は盾や槍や兜の先に付けて、戦闘やトーナメントを戦い、戦利品や勝利の褒賞品を得れば、それを女性に贈り、彼女の愛に応えるという慣習である。

　同じ長衣でも、一三世紀になると、シンプルで、より活動に適したコット（cotte）が男女の服装の主流となる。この変化は、産業の展開にともなう旅の機会の増大に理由があると推測されているが、この衣服にはブリオーにみられない新たな構造上の技がある。ブリオーは身頃を身体に密着させるために着装後に「紐締め」をしたことが当時の文学作品からわかっているが、一方のコットは、襠《まち》を用い、緊密に上半身を包み、スカート部にはゆとりをつくったことがうかがわれる。さらにこの頃はボタンを知らない時代だったから、筒袖をつくるために、肘から手首までを装着のたびに糸と針で腕に添って縫い合わせていた。朝にコットを身につけると袖を縫い、晩にそれを解いて服を脱ぐという習慣である。この習慣は、腕を抜いて着る飾り袖を生む土壌ともなったように思われる。

　コットを身につけたことによって、衣服の身体への密着性にいっそう敏感になったことは、身体に対する新たな意識の生まれたことを思わせる

シャルトル大聖堂の女性像が着ている大袖のブリオーは、腕を広げると蝶のようになる。19世紀にパリのノートルダム大聖堂を修復した著名な建築家ヴィオレ・ル・デュクの図解（E. Viollet-Le-Duc, *Dictionnaire raisonné*, p.43）。

が、それを裏付けるように、コットが普及するにつれマントが廃れていく。つまり身体を隠蔽することへのタブーが解けたように思われるのである。ブリオーであれコットであれ、ゲルマン服飾の伝統であればマントとの組み合わせが本来であった。マントの裏に決まって特徴的な碁盤縞のような模様がみえるのは、シベリアの奥地から運ばれたりすの良質の冬毛を大量に接ぎ合わせたことを示している。この豪奢《ごうしゃ》な毛皮こそが社会的権威の表象であり、ゆえに大きな毛皮のマントにくるまれて身体を露出させないことが支配者階級の高雅さの証しであった。そのマントを着用しないコットのみの姿は、ゆえにエチケット違反であるが、それにもかかわらず一三世紀文学はその姿に身体の美しさを発見している。コットの普及とともに身体の隠蔽から身体の顕示へと価値観が変わり、ここにその後の誇張と変形の服飾史が準備されたといえるかもしれない。しかもこの新しい価値観がコットということばで始まったことは興味深い。というのは、英語でもフランス語でも等しく使われ、中世服飾を代表するコットということばは、日本語が英語から外来語として取り入れ、今日なお使うコート（coat）ということばの原型だからである。

『聖王ルイの詩篇集』と称される13世紀の聖書の挿絵の一枚。ドレーパリーの優雅な衣服は、13世紀になると一変し、シンプルなワンピース型となる。このような衣服を指したコットということばは、コートという英語の原型である（フランス国立図書館 Ms.lat.10525, f.12）。

コットの袖を縫い合わせている『薔薇物語』の主人公。朝の身繕いには、袖を肘から袖口までを縫う習慣である。このような袖のつくりが、左図にあるような、腕を抜いて袖を垂らす着かたを生んだのだろう。ラフでカジュアルな着かたとみられていた（シャンティイ、コンデ美術館 Ms.482/655 f.1）。

マントの毛皮は裏に張るのが通常で、表に使うことは中世では皆無といってよい。身の丈の半円形のマントであるなら、300匹におよぶりすの毛皮を必要とする。りすはシベリアの遠方で捕獲され、腹部の冬毛のみを使う。ゆえに高価であり、このように聖マルティヌスの慈愛の心を示す図像モチーフとなる（フランス国立図書館 Ms.n.a.fr.16251, f.89）。

2 一四―一六世紀 身体造形の構築

長衣と二部形式の共存

ブリオー、コットと続いた長衣の形式は、一四世紀には儀式用として残されていくが、上層階級に限って、しかも一三七〇年代から一四三〇年代という限られた時期に、ウープランド（houppelande）という大袖の付いた優雅な長衣が男女に用いられている。

一方で一三世紀のコットは、一四世紀半ばに「大胆なコット（cotte hardie）」と呼ばれたのち、この表現からコタルディ（cotardie）ということばが生まれ、新しい男子服を生んだ。コタルディは、袖付けが肩から袖にかけて連続した、いわゆるラグラン袖に仕立てられ、胸から肩にかけて詰め物で膨らませ、腰を細く絞った上着である。このように復活した上着と脚衣の二部形式は、以後ひたすら今日の男子服へと歩みを進めることになるから、ここに近代服飾の原点をみてもよい。リヨン染織美術館が所蔵するシャルル・ド・ブロワ着用とされるコタルディの前中央には、三二個のボタンがシルエットに合わせて中央から下で扁平、上で球に近い形状で並んでいる。いわゆるキルティングの手法で縫い合わされ、布地の表面には連続した小さなメダイヨンに獅子と鷲が交互に刺繍され、繊細な装飾をみせている。

フランス王シャルル6世とピエール・サルモンの政治談議を記した15世紀初めの写本挿絵。貴族らのまとう大袖のウープランドは、1370年代から1420年代の半世紀に、上層階級にのみ着用された（ジュネーヴ、大学図書館 Ms.fr.165 f.4）。

フランスの貴族、シャルル・ド・ブロワ着用と伝えられるコタルディで、1364年以前の製作。中世のものとしては稀な実物遺品である（リヨン染織美術館）。

14世紀のギヨーム・ド・マショーによる愛の寓意物語を飾る挿絵。肘から下がる長い垂れ、頭巾のついたケープ、およびコタルディの裾にみえる切れ込み装飾は、チョーサーが『カンタベリー物語』のなかで、布地の無駄と牧師に説教させたものに対応するだろう（フランス国立図書館 Ms.fr.1586, f.28v.）。

17世紀のロジェ・ド・ゲニエールによる14世紀の写本挿絵の模写。長衣のフランス王に書物を献じる作家は、身体の形状を誇張するかのようなコタルディに脚衣を組み合わせ、新しい流行を伝えている（フランス国立図書館版画室）。

このような服飾の出現には、いくつかの要因が考えられる。まず、この種の服は一五世紀にはプールポワン（pourpoint）と呼び名を変えるが、このことばが「刺し子にする（poindre）」ということばから生まれていることから、本来は甲冑の下に緩衝用として着用した刺し子製の下着が表着に変化したのだろうという推測である。そして同種の上着がジャク（jaque）と呼ばれたことがあり、これは農民の名前に多いジャックにちなむから、本来は農民服であったという推測である。磨耗した布を重ね合わせ刺し子にして使うことは農民階層に多かったと思われるし、また騎士が鎧の下に刺し子の服を着用したことも考えられるから、両者ともにルーツとしてありうるだろう。

近代服飾の原点、ジャケット

プールポワンは、一五世紀にかけてさらに詰め物で胸から肩を異常に張り出させ、丈が極端に短くなる。一四世紀末、イギリスの作家チョーサーが著わした『カンタベリー物語』は、こうしたファッションが牧師の説教というかたちでコメントされている。英語ではこの種の服を、ジャケット（jacket）と呼ぶが、これは前述のjaqueに指小辞の付いたjaquetteの英語綴りである。極端に短くなったジャケットは、脚に密着したタイツ型のズボンを組み合わせたから、隠されるべき臀部《でんぶ》をみせ、前からは生殖器官を露骨にみせると牧師は非難した。

タイツ型の脚衣は毛織物を脚のかたちに裁断し、縫い合わせ、上部を紐でジャケットのウエストに結び付けて装着する。この紐はフランス語でエギュイエット（aiguillette）と呼ばれ、若い男性にはさまざまな色の紐を取り揃えることが関心事であったようである。一四三〇年頃にフランスで書かれた『結婚十五の歓び』は、このアイテムを結婚前の青春の盛りの若者のいわばシンボルとみている（一二ページの右中央の図を参照）。

一五世紀の服飾は膨らんだジャケットとタイツ型の細い脚衣の対照的な造形において際立っているばかりではない。同じような造形意思は、鯨の髭を支えとし、同様に詰め物をして足の先を六〇センチもの長さに尖らせた男物の靴、プーレーヌ（poulaine）にも、また女性のあいだに流行した、高くそびえた円錐帽にも認めることができる。女性は、額の髪を抜いて広く額を見せることが流行した。女性のファッションが、細い胴を強調し、以後の女性服の原型をみせるのはこの一五世紀であり、男性のズボンと上着の組み合わせに対し、女性のワンピース型のドレスという男女の服装の対照が明確になるのもこの世紀である。一五世紀は近代ヨーロッパ服飾を準備した時期といえよう。

婚礼の場面で、新郎は肩の張り出した丈の短いプールポワンとタイツ型の脚衣をつけ、つま先の長く尖ったプーレーヌを履いている。新婦の引き裾を、後ろの男がプーレーヌで踏みつけている（フランス国立図書館 Ms.Ars.5073, f.117v.）。

中世の人びとは風呂を好んだ。男性は女性の胸にスミレの花の痣のあるのを見つける。秘密を知られた女性は窮地に陥るという『スミレ物語』を飾る挿絵。男性のプールポワン、右側の女性の円錐帽が、15世紀の特徴を示す（フランス国立図書館 Ms.fr.24376, f.5）。

ブラゲットとポケット

身体を包む衣服でありながら、身体上に構築されたともいえる造形性がさらに顕著になるのは、一六世紀である。男のプールポワンが、詰め物で最大に膨らまされたのは一六世紀末で、腹部を三角型に尖らせ、「ほてい腹」型と呼ばれるかたちが現れた。

一方、ズボンの股間には、フランス語でブラゲット（braguette）、英語でコドピース（codpiece）と称された、いかにも男性の生殖器官を目立たせる装飾が付く。本来は用を足すための際の開口部であるが、これも詰め物を加えられて大きく整形される。これがポケットの役割もはたしたらしいことは、ラブレーの『ガルガンチュア物語』『パンタグリュエル物語』（一五三二～六四年）が証言している。当時の思想や社会を巨人国の物語に託して諷刺《ふうし》するラブレ

《ヴァロワ王家の舞踏会》(部分)1582年頃。モンテーニュが、着膨れたプールポワンと生殖器官をこれ見よがしにすると嫌悪したのは、このような服装である。腹部の先を三角に尖らせて膨らませたかたちは、ほてい腹型と呼ばれた(フランス、レンヌ美術館)。

サンチェス・コエーリョ画《大公ルドルフ》1576年。襞襟、スラッシュ装飾入りの大きく膨らんだズボン、股間のブラゲットが16世紀後半の特徴を示す(イギリス王室コレクション)。

1460-65年に北フランスで制作されたタピスリー。15世紀らしい服装で描かれている男女は、オルレアン公である詩人シャルル・ドルレアンと妃マリー・ド・クレーヴと推測される。公妃マリーが紋章としたジョウロを女性が右手に持ち、愛の花であるナデシコに水を注いでいるからである。ジョウロから落ちる水滴は涙に喩えられる。第2章で触れるように涙模様がこの頃に流行した(パリ、装飾美術館)。

作家、マルタン・ルフランを描いた1467-82年の写本挿絵。上衣とタイツを結び合わせている紐(エギュイエット)がよくわかる。手前に丸く見えるのは、シャプロンと呼ばれた帽子で、この部分を頭に載せ、両脇の垂れを頭に巻きつけて被る(グルノーブル市図書館 Ms.352 f.437)。

ーの作品であるから、どこまで事実を映しているかはわからないが、ポケットが未だ一般的でない時代にその代用となったことは想像できる。ズボンにポケットを付けることに対する禁令が出ているから、ポケットがなかったわけではないが、ポケットが目に見えるかたちで現れるのは一七世紀であった。一五六三年のシャルル九世の禁令が、ズボンには裏地のみ、詰め物をしてはならず、ポケットを付けてはならないと命じているのは、この頃のズボンがカボチャのように膨らみ、その膨らみに紛

力仕事をしたためか、エギュイエットの紐が解けてお尻を見せている鍛冶屋(フランス国立図書館 Ms.fr.143, f.148)。

クラナハ画《ザクセンのハインリヒ敬虔公》1514年。全身に模様のように見えるのは、口を開けたようなスラッシュ装飾である（ドレスデン国立絵画館）。

《フランス王シャルル9世》1563年。この絵の制作の年に、同王は、ズボンにポケットを付けてはならないと、また裏地のみで詰め物をしてはならないと禁令を発布している（ルーヴル美術館）。

れて武器を隠すことが恐れられたからである。

ブラゲットに話が及ぶとラブレーは饒舌になり、これが作品の快楽主義のシンボルとして機能していることは、このような装飾の意味を考える上で重要である。一方で、いつの時代にも流行服に厳しい目を向けるモラリストがおり、衣服に合理的な機能性を求めたモンテーニュは、『随想録』（一五八〇〜八八年）のなかで、着膨れたプールポワンと、生殖器官をこれ見よがしにするブラゲットに嫌悪を示している。

スラッシュ装飾の合理性

一六世紀の服飾を特徴付けるものに、衣服の表面に切れ目を入れるスラッシュ装飾がある。凱旋の兵士の服装に無数の裂け目のあるさまが、勇ましい健闘ぶりを思わせ、ゆえに好感をもたれて広まったといわれるが、真偽は不明である。この装飾は初期にはドイツ文化圏に顕著で、クラナハの描く肖像画には全身に口を開けたようなスラッシュ装飾が施されている。上着やズボンに縦に大きく入れた切れ目からは、下の布が引っぱり出される。《ヘンリー八世》の上着に白い斑点のように見えるのも、《エリザベス一世》の身頃に見えるのもすべて切れ目から引っぱり出された裏地、もしくは下着である。

クラナハの作品はスラッシュ装飾

が単純な飾りなのではなく、合理性をもっていたことを示している。《ホロフェルネスの首をもつユディト》の手にはめられている革製の手袋を見てほしい（左図）。革製の手袋もこの頃の流行であるが、指の関節に付けられた切り込みは明らかに指の動きを容易にするものである。一六世紀には、親指、人差し指、薬指に複数の指輪をつけることが流行っているから、指輪を装着したまま手袋をはめる工夫でもあった。肘の関節部分や肩に切り込みを入れた例が初期には多いから、身体の動きを容易にするための配慮であったことは間違いない。もちろん装飾としても好まれたのだろう。《オックスフォード伯夫人》が身につけたドレスには、いかにも今そこで釘に引っ掛けて破けたような穴が端正に並び、もはや合理性は微塵も感じられない。

ファージンゲールとジュエリー・コスチューム

身頃を身体に密着させ、細いウエストからスカートを大きく膨らませるという女性の身体の対照的なシルエットは、コルセットとペチコートという補助具によって一六世紀に顕

《エリザベス1世》1575–76年。自らをフェニックス（不死鳥）になぞらえ、胸にこの鳥の刺繡を示しているがゆえにフェニックス・ポートレートと称される肖像画。繊細なレースと豪奢な金銀・宝石の刺繡された衣裳は女王の権威の表象以外のなにものでもない（ロンドン、ナショナル・ポートレート・ギャラリー）。

ハンス・ホルバイン画《ヘンリー8世》1540年。白い斑点になってみえるのは、裏地か下着をスラッシュから引き出しているためである（ローマ、国立考古美術館）。

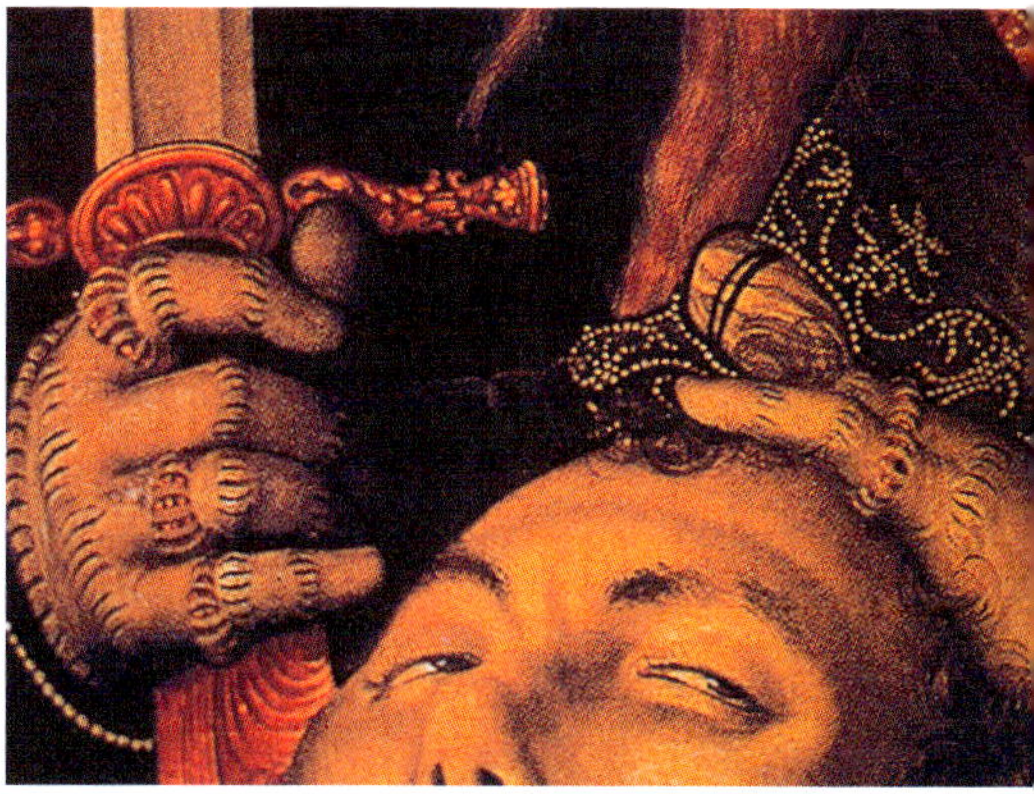

クラナハの描く《ホロフェルネスの首をもつユディト》部分。ユディトはアッシリアの将軍ホロフェルネスを殺し、町を圧政から救った女性。左手を彼の首にかけ、右手に剣を握っているが、手袋には指輪をはめる部分と関節部にたくさんのスラッシュがみえる（ベルリン、グリューネヴァルト美術館）。

《オックスフォード伯夫人》1614-18年。釘に引っ掛けて裂けたようなスラッシュが、しかし整然と並んでいるさまは、不思議な感覚をもたらす（ロンドン、テート・ギャラリー）。

著になる。スカートの形状は時代と国によって異なり、初期には円錐型であるが、世紀末のイギリスでは樽型が流行している。スカートを広げるペチコートは、英語でファージンゲール（farthingale）、フランス語でヴェルチュガダン（vertugadin）と呼ぶが、これらの語の起源が若い枝を示すスペイン語であることは、しなやかな若い枝を輪にして当初はペチコートをつくったことを思わせるとともに、スペイン・モードが時代を牽引していたことを示す。コルセットを示すバスキーヌ（basquine）も、スペイン・フランス国境の「バスク」という地方名に派生しているから、繁栄によって、スペインの作法がヨーロッパ各国で広く手本とされたのであろう。

　衣裳の全体に宝石や真珠を縫い込んだジュエリー・コスチュームもこの時代を特徴付けている。こうした衣裳が支配者としての権威をみせつけるものであったことは疑いえない。また一五五〇年代からみられるようになった男女の首の周囲を覆う襞襟《ひだえり》には、繊細なレースでつくられたス

ヘーラールツ2世画《エリザベス1世》1592年頃。樽型のファージンゲール、袖口をすぼませたジゴ袖とそれを支えるように背後に見える飾り袖、扇型のレースの襟など、不自然なまでの造形性が、ヨーロッパに君臨する女王の権威を示すことは、足元に描かれたヨーロッパの地図が証している。女王は13インチのウエストを誇ったという（ロンドン、ナショナル・ポートレート・ギャラリー）。

ハンス・エヴォース画《女性像》1565–68年。赤地のドレスの全体に真珠が整然と縫い付けられている。ジュエリー・コスチュームの典型（ロンドン、テート・ギャラリー）。

ペイン風と、亜麻や紗などの薄い布を鏝《こて》で8の字が連続するような襞取りにした重厚なフランドル風とがある。繊細かつ巨大な襞襟は日常的なファッションではなく、盛儀の際に整えられた姿であり、威信の表出としての意味をもつ。

フアン・パントッハ・デ・ラ・クルス画《スペイン王女イザベラ・クララ・エウヘニア》1599年。繊細なレース製だが、大型の襞襟がスペインの特徴を示す（ミュンヘン、アルテ・ピナコテーク）。

3 一七世紀 — 繊細な身体感覚

リボンと礼儀作法

一七世紀は繊細な時代である。形状の奇抜さよりも装飾、それもレースとリボンという、わたしたちの目からみれば、きわめて女性的な装飾が男性服の特徴だからである。世紀前半の男性は髭を付けたいかにもいかつい表情をみせているが、襟や袖口の白いレース、ズボンの裾に垂れ

マティユー・アントワーヌ（父）画《ルイ14世とフェリペ4世の会見》部分　1664年以降。左側に居並ぶフランス貴族のズボンや上着や袖に下がった大量のリボン飾りに注目したい（ヴェルサイユ美術館）。

るリボン飾りやヒールの付いた靴はいかにも女性的である。

リボン飾りは、一七世紀半ば頃から目立ってくる。もともと靴下留めであった膝飾りは、リボンの房やバラの花のようなかたちの飾りとなり、同様の飾りは靴の甲の部分にも付けられた。地味な黒服に身を包んだフランドルやオランダ市民も、膝や足の甲にこの種の飾りを付けている。そして世紀後半になると、リボンは上着の裾やズボンの裾にびっしりと下げられるようになる。宮廷でスペインのフェリペ四世を迎えるルイ一四世（在位一六四三～一七一五年）の上着（フランス語ではあいかわらずプールポワンと呼ぶ）と、ズボンの裾に下がったリボンの束を見てほしい。リボン飾りがどれほど貴族の服装を飾ったかは、モリエールの戯曲『ドン・ジュアン』（一六六五年）にも証言がある。川にはまった貴族ドン・ジュアンが衣服を乾かすために寄った田舎家で、それに立ち会った田舎者のピエロを、「あっちにもリボン、こっちにもリボン、リボン、リボンで気の毒みたいだ」と驚かせている。

リボンはイギリスからの高価な輸入品であったが、単に貴族階級の豪《ごう》

《リチャード・サックヴィル》1613年。色彩は黒と白に統一されているが、装飾は、靴の甲の花飾りをはじめ華やかである（レンジャー館、サフォーク・コレクション）。

奢《しゃ》を示すアイテムにとどまらなかった。というのは、リボンは当時の宮廷貴族の作法ともいえるギャラントリー（galanterie）の精神と結び付いたからである。ギャラントリーとは、今日では男性の女性に対する礼儀作法を指すことばだが、本来は男性の徳目を示す一七世紀のフランス語で、とくに女性を楽しませることのできる社交術を指す。そのような社交に秀でたものをギャラン（galant）と呼び、要するにこれが洒落た青年を指す当時の風俗上の呼称である。そしてこのギャランという語は同時にリボンも指した。リボンこそがギャラントリーを心得た洒落者のアイテムだったからである。一六四四年にシャルル・ソレルの著わした『ギャラントリーの規範』は、帽子や靴下のリボンの使いかたこそが洒落者《ギャラン》たる証しであり、ゆえにリボンがギャランと呼ばれたと証言している。

《42歳の建築家ルイ・ル・ヴォー》ルイ14世に仕え、ヴェルサイユ宮殿やチュイルリー宮殿のほか、ヴォー・ル・ヴィコント城の建築に携わったフランスの建築家。両手首に黒いリボンを巻き、色の白さを強調している（ヴェルサイユ美術館）。

　ではどのようにリボンを使えばギャラントリーを示すことができるのだろうか。ラファイエット夫人による一六七八年の心理小説『クレーヴの奥方』は、示唆に富む。ヌムール公とクレーヴ夫人の恋愛心理を語ったこの小説に次のような挿話がある。

　ある晩ヌムール公は、私室の夫人を盗み見する。彼女はリボンでいっぱいになったいくつかの籠のなかから、ある色のリボンをとり分けていた。公は、それが過日の馬上試合で自身が身に付けていたリボンの色であることに気が付く。その日、彼は黄と黒のリボンを付けていたのだが、それはあえて彼の夫人への愛を気付かせないために選んだ色だった。金髪であるがゆえに、クレーヴ夫人は黄色を決して身につけることはなかったからである。二人の密やかな愛がリボンの色を通して示されるこの挿話に、繊細な感情生活を読みとるなら、たかがリボンと無視するわけにはいかない。

つけぼくろと清潔感

　一七世紀の繊細さを示すもう一つに、肌の白さを強調するための工夫があった。両手首に黒いリボンを巻くことは女性にはもちろん男性にもみられる。シャルル・ソレルの作法書によれば、手袋をはずしたときに白い手を際立たせるために巻くという。顔に黒いつけぼくろ《ムーシュ》を付ける流行も同じ理由による。版画の人物に染みのように少なからず付いている黒い斑点はほくろを示しており、男性が付けていることもある。つけぼくろを示すムーシュ（mouche）というフランス語は蠅という意味で、次のような小話があるから、白い肌と黒い蠅の色の対照にこの習慣の起源があるのだろう。蠅を追いかけて遊んでいたキューピッドをヴィーナスはたしなめたが、黒い蠅がヴィーナスの胸にとまると、白い肌はますます輝き、彼女はすっかり満足、神々はこぞってつけぼくろを付けたという話である。

つけぼくろは、黒いサテンの布地を丸く、あるいは細長く、また星型など、さまざまなかたちに切り、額や口元、目の脇や頬の中央などに付ける。上層から下層まで、あらゆる階層の女性のあいだで流行したことは、たとえばモリエールの戯曲が証言しているし、シャルル・ペローは、童話「シンデレラ」のなかで（一六九七年）、王子の舞踏会に招かれ、準備をする姉のひとりに、「一流の職人の店につけぼくろを買いに行かせる」と言わせている。リボンの色がメッセージを発したように、つけぼくろも、付ける位置が意味をもったようである。目のそばに付ければ「情熱」、唇の上は「コケット」、鼻の上に付ければ「高慢」など、メッセージを発し、ここにも単純に色白を演出するのにとどまらない表現機能がある。

このような色白へのこだわりは、おそらくこの頃の清潔への繊細な配慮と関係があるのだろう。ドイツの社会学者ノルベルト・エリアスの『文明化の過程』によれば、一七世紀は身体感覚にとくに敏感になった時代であるという。それまで食卓で大皿から手摑みで料理を取っていたのが、フォークを使って間接的に食物を口に運ぶ習慣が定着したのはこの世紀であり、それまで袖で拭いていた洟《はな》をハンカチでかむようになったのも、裸で就寝していたのが専用の寝間着を着るようになったのも、この時期であるという。これらはすべて身体に触れるものに対する感覚が鋭敏になったことを証していると、エリアスは一七世紀のこのような繊細さに文明化をみている。つけぼくろや黒いリボンによる肌の白さの演出、あるいは白いレースの多用もまた、同じような身体への関心と清潔の観念から生まれたものであろう。この世紀を通して読まれたニコラ・ファレの作法書『紳士《オネットム》あるいは宮廷で気に入られる術』は、破産しない範囲で最大限、身だしなみに心を配らねばならないのは貴族としてもちろんだが、あまりに着飾るよりは清潔であるのがよいと説いている。一七世紀の繊細さとは結局このような身体への配慮と結び付いている。

《優れたクチュリエール》と題された1692年の版画。中央の女性の顔にはつけぼくろが複数見える（F. Libron et H. Clouzot, *Le Corset* より）。

かつら

　大型のかつらが流行ったのも清潔の観念が大きく作用したからかもしれない。石けんが上等でない時代に洗髪はおそらく難しかったであろうし、ノミやシラミの除去には、いっそ髪を刈り、かつらにした方が清潔だからである。実は一七世紀は入浴の習慣の消えた時代である。ルイ一三世が初めて入浴したのは、記録によれば七歳のときであった。水は汚染され、必ずしも衛生的ではなかったから水が恐れられたのだが、わたしたちの観念で彼らが不潔であると考えてはならない。彼らの清潔のバロメーターは下着の交換の頻度にあり、ルイ一四世は一日に何度も下着を替えている。

　先述の『ドン・ジュアン』のなかで、かつらは「頭にくっついていない髪」と田舎者ピエロを驚かせているように、ふさふさとした金髪のかつらも宮廷人のシンボルであった。一六九〇年にジャン＝バティスト・ティエールの著わした『かつらの歴史』によれば、かつらが使用されるのは一六五九年以降であり、ルイ一四世が使い始めたのは一六七三年と遅い。王の使用にはもちろん清潔感だけが理由ではない。ここでも権威の表象としての意味があったことは、後年、王の肖像画を見たイギリスの小説家サッカレーの描いた戯画がよく示している。着せ替え人形よろしく描かれたカリカチュアは、王の権威が毛皮のマントと赤いヒールの靴、そして大きなかつらで成り立っていることを示し、かつらが絶対王政期の王の権力維持に貢献したことを暗示している。一七世紀の服飾には、繊細かつ近代的な身体感の萌芽がかいまみえるが、王の権威や宮廷人の威光としての表象機能がもちろんある。

イアサント・リゴー画《フランス王ルイ14世》1701年。アーミンの毛皮で裏打ちされ、青地に金の百合花の王室の紋章付きマント、大きなかつら、赤いヒールの靴が王位を表象する（ルーヴル美術館）。

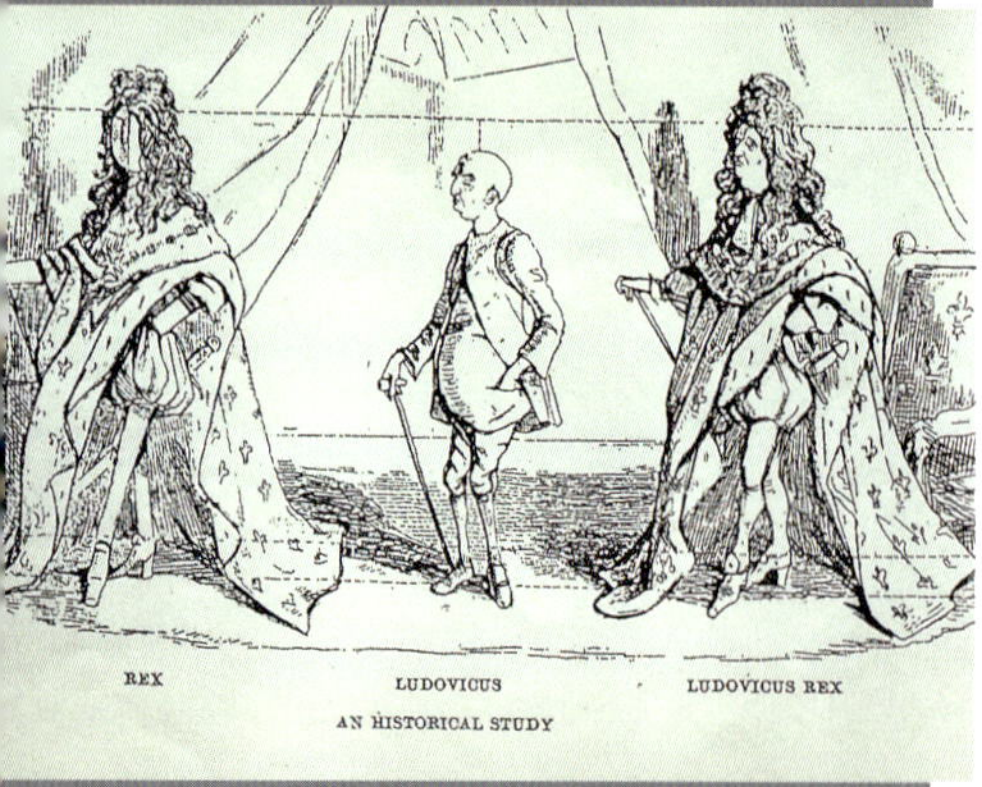

ウィリアム・メイクピース・サッカレー『パリ・スケッチ・ブック』1840年より。批判精神に富んだイギリスの小説家サッカレーの諷刺画。マントとかつらとヒールを取り除けば、ルイは貧相な男でしかないと、衣裳のシンボル機能を見事に図解した。

アンリ・ボナールによる版画《貴顕の紳士》1687年。17世紀の貴族らしい華麗なファッションに身を包み、この頃フランスに広まったコーヒーを嗜んでいる。ジュストコールとヴェストとキュロットの組み合わせに、今日の三つ揃いの原型をみてもよい（R-A. Weigert, *Bonnart. Personnages de qualité*より）。

4 一八世紀——遊戯的モードの誕生

テーラー・メイドの誕生

身体へのフィットを重視する紳士服の仕立て技術、テーラリングが現れるのは一七世紀末から一八世紀である。まず男性服に大きな変革が現れるのは一七世紀末、「身体に密着した」という意味が原義のジュストコール（justaucorps）が男子服の主役となったことから始まる。一五世紀から使われ続けてきたプールポワンという男子服の名称はここでようやく消える。ジュストコールの下には、チョッキの起源ともいえるヴェスト（veste）を、そして半ズボンのキュロット（culotte）をつけ、いわば三揃いが誕生したのである。

ジュストコールは一八世紀にはアビ（habit）と名前を変え、一九世紀にはいわゆる燕尾服となる。ディドロとダランベール編纂の『百科全書』（一七五一〜七二年）が示すアビ、ヴェスト、キュロットの幾何製図を見てほしい。カーブや切り込みの多いパーツ、また当て布や接ぎ布など、さまざまなパーツをむだなく生地から裁断し、縫合するには、高い技術が求められたことが想像できるだろう。

このような男性服の展開は、仕立て職人の変遷と重なる。アビを製作するのは、英語でテーラー（tailor、フランス語でtailleur）と呼ばれる男性職人だが、彼らが男性服の仕立てに専門化するのはこの時期である。それまで女性服も手掛けてきた彼らの製作は、これ以降女物としてはコ

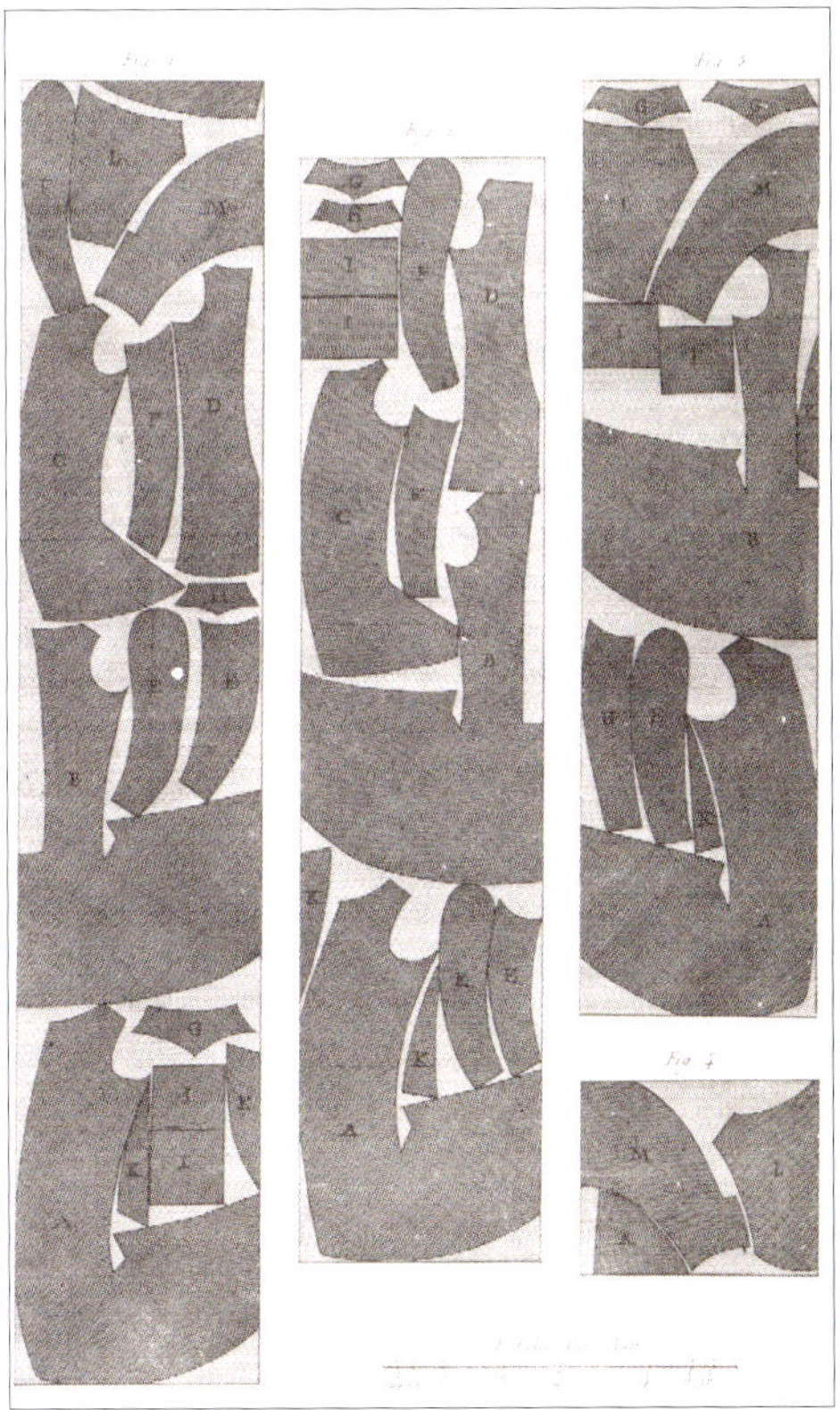

「アビの仕立て職人」と題され、アビとヴェストとキュロットをいかに無駄なく裁断するかを示している（ディドロ、ダランベール『百科全書』）。

ルセットに限られる。代わって女性服の仕立てを担当するようになったのは、イギリスではマンチュア・メーカー（mantua maker）、フランスではクチュリエール（couturière）と呼ばれた女性職人である。テーラー・メイドの展開の背景には、男女の衣服の製作技術と職人の分化があり、それが男女の服装の差異を広げることになった。

　実際、紳士服のテーラリングが進む一方で、女性服は素材の面でもより軽快になり、身体へのフィットよりも装飾性に重心を置いたファッションになる。そしてそのために女性服の製作に必要な新たな職人、「モード商人」（marchande de modes、英語ではmilliner）と呼ばれる一八世紀独特の女性職人が現れている。当時のドレスは、今日のドレスのように完成されているわけではなく、着装しながら、胸中央をストマッカーで覆い、縁飾りのリボンやレースを取り付けねばならない。そうした装飾とコーディネイトを手伝うのが、たとえばマリー・アントワネット御用達のモード商人、ローズ・ベルタン嬢であり、あるいはエロフ夫人であった。

鳥かごという名の巨大なペチコート

　一八世紀を特徴付けるファッションは、女性の膨大スカートである。一七一九年頃、最初はドイツに起こり、続いてイギリスに伝わり、フランスでは一七二一年頃には定着する。英語ではフープ・ペチコート（hoop petticoat）、フランス語ではパニエ（panier）と呼ぶペチコートでスカートを大きく広げるこのモードは、あらゆる階層に広がり、一七八〇年代まで続いた。パニエ（籠《かご》の意味）と呼ばれたのは、組み紐やイグサ、あるいは針金や鯨の髭でつくった輪をリボンでつなぎ、鳥かごのようなかたちにしたからだが、しなやかで壊れにくい鯨の髭でつくった軽いペチコートが好まれた。

　ピューリタンの倫理観が強いためか、あるいはより合理性を求める気運がすでにあったためか、総じてイギリスのフープ・ペチコートの方が

ゲインズボロー画《ハウ伯爵夫人メアリー》1760年頃。戸外を背景に、麦わら帽子を被った姿の肖像画は、イギリスの田園趣味を思わせる（大ロンドン市議会）。

エリザベート・ヴィジェ＝ルブラン画《ルイ16世妃マリー・アントワネット》1778年（ウィーン、美術史美術館）。

18世紀半ばのイギリスのフープ・ペチコート。左端の人物が示すように、正面から見ると横に張り出した長方形だが、側面からは右端の人物のように扁平で、奇妙なかたちである（ロンドン、ヴィクトリア・アンド・アルバート美術館）。

穏やかな大きさであるが、ヴィクトリア・アンド・アルバート美術館が所蔵する遺品には極端な例もある。正面からは長方形、横からは扁平なシルエットのスカートであり、いかにも人工的で奇妙なデザインである。フランスでパニエが最も大きくなるのは、宮廷の盛装であるローブ・ア・ラ・フランセーズ（robe à la française・フランス風衣裳の意味）と組み合わされた場合である。スカートの両脇がやや盛り上がり、「肘付き」と称されたパニエがたいそう流行したことは、「メルキュール・ド・フランス」誌がすでに一七三〇年に伝えている。

「ギャルリー・デ・モード」誌と髪型のモード

一七世紀の豪奢な服装が王権や貴族の威信の表象として機能したとするなら、一八世紀の贅沢は産業の発展と密接に結び付き、より経済的な意味をもったという点で現代社会に近付いたといえる。贅沢論争が繰り広げられ、経済の発展のために贅沢は肯定され、衣裳も例外ではなかった。ロンドンやパリでモード雑誌が発刊されるのもこの世紀の後半であり、より遊戯的なファッション、あるいは流行というべき現象が生まれるのもこの時代である。

一七七八年の「ギャルリー・デ・モード」誌に掲載されたローブ・ア・ラ・フランセーズのファッション・プレートにおいて、大きなスカートとともに注目してほしいのは、結い上げられた巨大な頭髪である。さまざまな恰好で、高く結い上げた頭髪はこの頃の特徴で、この雑誌は、同年に刊行を始めた当初、髪型を伝えるモード誌であった。つまりファッションに占める髪型の重要性が大きかったのである。ゆえに、王妃マリー・アントワネットの御用結髪師レオナール、ポンパドゥール夫人の結髪師ダジェー、あるいは一七六〇年代に「髪型の芸術家」を自称したル・グロなど、結髪師が今日に名を残した。大きく結い上げた髪は、カリカチュアの恰好の対象となったが、こ

「ギャルリー・デ・モード」誌が伝える1778年のフランス宮廷の盛装。図の下の説明によれば、高く結い上げた髪は「勝利という名の優雅な髪型」であり、アメリカの独立戦争に因むモードであることがわかる（リヨン市立図書館 Rés, 24992, t.1, pl. 43）。

こにはさらに遊びの世界がある。

　図に刷り込まれた説明には、たとえば「勝利という名の優雅な髪型」とある。あるいは「一七七六年以降の」と説明された髪型には「フリゲート艦ユノ号という新しい髪型」や「勝利風縁なし帽」という記載がある。これらはすべてアメリカの独立戦争に取材されたファッションである。一七七八年、フランスは、イギリスからの独立を求めたアメリカを援助し、参戦していた。髪型に時事が反映されるのは、こればかりではない。一七八三年、モンゴルフィエ兄弟が熱気球の有人飛行に成功すると、「モンゴルフィエ風髪型」が現れ、さらに芝居の成功にともなう、登場人物にちなんだファッションも少なくない。一七八六年初演され大好評を得たボーマルシェの『フィガロの結婚』は、「スザンナ風髪型」「バジル風帽子」を生んでいる。ただし、デザイン上の創作源は、わたしたちの目には必ずしも明らかでない。

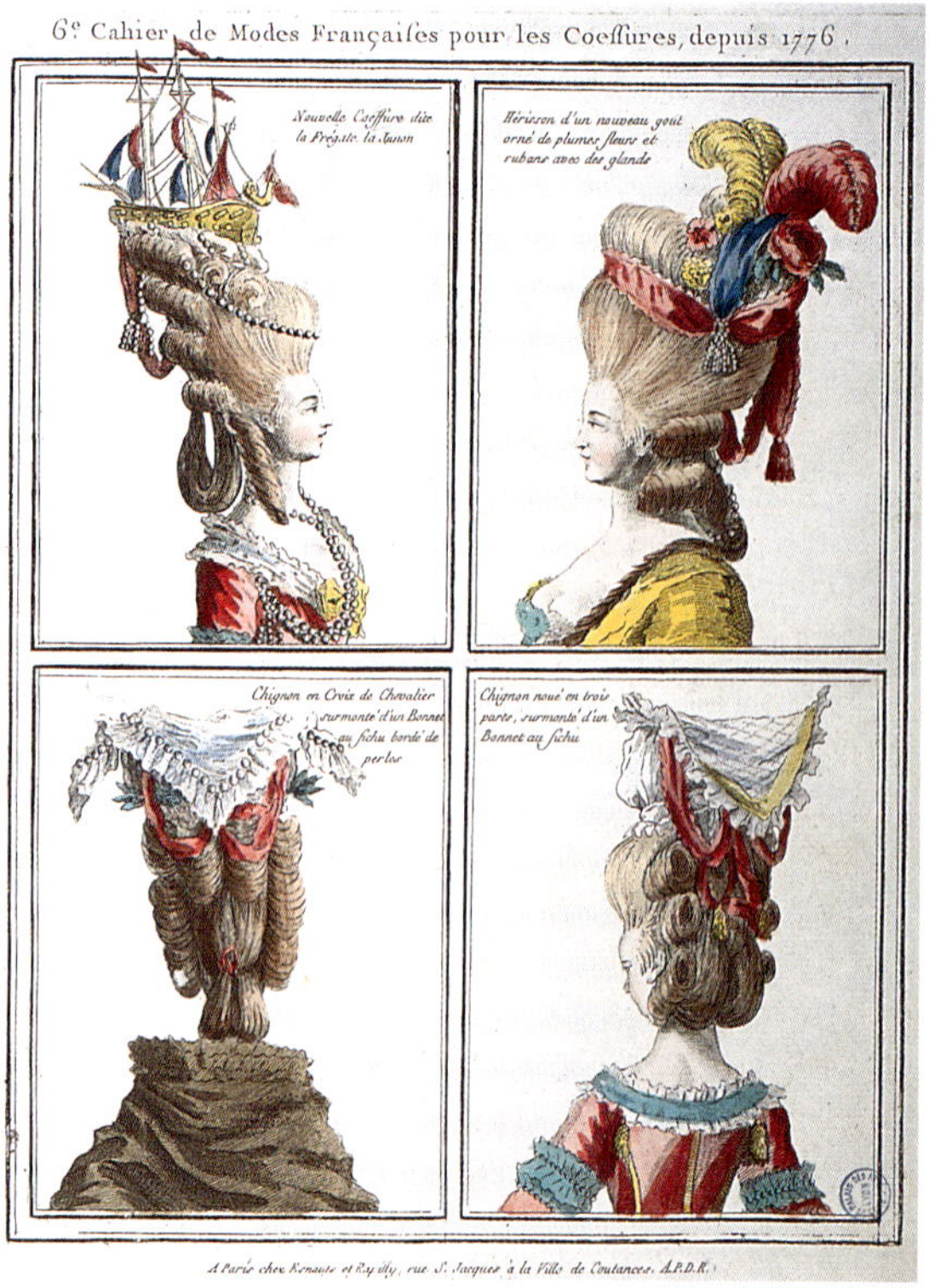

「ギャルリー・デ・モード」誌は、1778年に発刊を始めた当初、流行の髪型を伝える雑誌だった。モードにおける髪型はそれほど重要であり、時事を反映したさまざまな髪型が工夫された。左上は、「フリゲート艦ユノ号という新しい髪型」とある。（リヨン市立図書館 Rés, 24992, t.1, pl. 31）。

アンクロワヤーブルとメルヴェイユーズ

　フランスでは一七八九年から革命の動乱期を迎えるが、それが過ぎた総裁政府時代（一七九五〜九九年）に、男性はアンクロワヤーブル（incroyable）、女性はメルヴェイユーズ（merveilleuse）と呼ばれる、奇妙な風体を誇る若者が現れた。前者は「信じ難い」という意味で、このことばを連発したための呼称、後者は「驚くような」という意味で、文字通り驚くような、信じ難いファッションがブルジョア階級の子弟のあいだに広まった。男は大きな折り返しのチョッキ、胴長の半ズボン、そして最も特徴的なのが、首のまわりに何重にも巻き付けたスカーフで、リンパ腺の腫れる病気の名をとって「瘰癧《るいれき》風」と呼ばれたネクタイである。女性服は革命期を経て、簡素なシュミーズ・

高く結い上げる髪型を諷刺した1777年のカリカチュア。

ドビュクール画『ル・ボン・ジャンル』に掲載された風俗版画（1798年）。女性のドレスは古代調、髪型は古代ローマ風だが、長い引き裾はメルヴェイユーズの特徴。男性は、首に巻き付けた「瘰癧風ネクタイ」と棍棒を持った独特の物腰がアンクロワヤーブルらしい（文化女子大学図書館）。

ドレスが定着したが、透けるような素材の薄さを、あるいは奇抜な装飾を誇り、病的ともいえる独特の雰囲気をもった。これまで宮廷社会と密接に結び付いてきたファッションは、ここにおいてブルジョア階級と結び付くことになった。モードの牽引役として新たな階層が生まれたという意味で、現代にまた一歩近付いたといえる。

5 一九世紀──多彩な女性モード

クリノリン

一八〇四年、フランスではナポレオン帝政が始まり、古典趣味に支えられて、女性のシュミーズ・ドレスが定着したが、女性服の簡素化はそのまま歩みを進めるわけではない。

男性の服が、一九世紀後半の一八七〇年代にはほぼ今日の男性服として成立したのに対し、女性服はふたたび重厚な膨大スカートへと逆戻りし、現代服の成立に半世紀も遅れることになる。勤労者の衣服として男子服が合理化される一方で、歴史的な服

「ジュルナル・デ・ダーム・エ・デ・モード」誌（1823年6月20日号）が示す男性服。1820年代には、燕尾服の腰を細くし、女性的な顔立ちと姿態が好まれた。足が小さく描かれているのも同様、女性的で貴族的であることの証拠（文化女子大学図書館）。

《女が鋼製のペチコートをはき続けるのなら、ゴム製の男をつくらないと腕が貸せない》1857年のドーミエによる諷刺画（L. Delteil, *Honoré Daumier*, Paris, 1926, no. 2973）。

ドミニク・アングル画《ブロイ公妃》1853年。上層階級の女性像を多く手掛けたアングルの作品の一つで、政治家で歴史家のブロイ公、ジャック・ヴィクトール・アルベール・ド・ブロイの妻を描いている（ニューヨーク、メトロポリタン美術館）。

装への回帰ともいえる女性の不合理な膨大スカートは、近代社会における女性の家庭婦人としての位置を示している。

　ブルボン朝による王政復古がなしとげられてのち、フランスでは一八三〇年代初めには女性のスカートが膨張を始め、一八五八年を頂点として、大きなスカートが隆盛をきわめる。今回は馬のたてがみや尾の毛を表す crin に由来するクリノリン（crinoline）という名で呼ばれた。かたいホース・ヘアを絹や毛織物に織り込んで、張りのある布地をつくり、当初それでペチコートをつくったからである。しかし一枚のペチコートでは充分な大きさにならず、たっぷりと襞取りをした上で糊を付け、四枚ほどを重ねる手間があったから、パニエと同じように鯨の髭や針金の輪をリボンでつないだ籠型ペチコートがふたたび登場した。諷刺週刊誌として知られる、イギリスの「パンチ」誌、フランスではオノレ・ドー

クリノリンが最も大きくなったのは1858年である。写真はクリノリンにスカートを重ねる様子を示した1865年の写真（F. Boucher, *Histoire du costume* より）。

ヴィンターハルター画《オーストリア皇妃エリザベート》1865年。1837年にバイエルン公家に生まれたエリザベートは、1854年オーストリア＝ハンガリー帝国の皇帝フランツ・ヨーゼフ1世と結婚した。美貌を誇り、シシィの愛称で知られたが、自由を愛し、ハプスブルク家の厳格な作法になじめなかった彼女の生涯は、世紀末ヨーロッパの宮廷の苦悩を代表するといわれる（ウィーン、美術史美術館）。

ミエの版画に、この大きなクリノリンを対象にした多くのカリカチュアがある。

一九世紀半ばの丸く大きく膨らんだスカートは、こののち、一八七〇年代には後ろ腰を膨らませたバッスル・スタイルへと変わっていく。実は同じような変化は一八世紀のパニエの後にも起こっていた。ポーランド風と名付けられたローブ・ア・ラ・ポロネーズがそれである。後ろ腰に重心を移した造形性はたしかに似ているが、しかし名称が異なることは、それを生んだ時代精神が異なること、すなわち意味の異なることを示している。

オートクチュールとバッスル・スタイル

一九世紀後半に消費文化の時代を迎えたとき、そのなかでモード産業の占める役割が大きかったことはもちろんである。それまで古着市場で調達されていた庶民の服装は、既製服の普及と百貨店の誕生によって改善される。最も古い百貨店は、一八五二年創設のパリ左岸のボン・マルシェで、右岸のプランタン・デパートは一八六五年の創設である。モードが庶民の手に入るものになった一方で、貴族財というべき贅沢なモードはオートクチュールという新しい

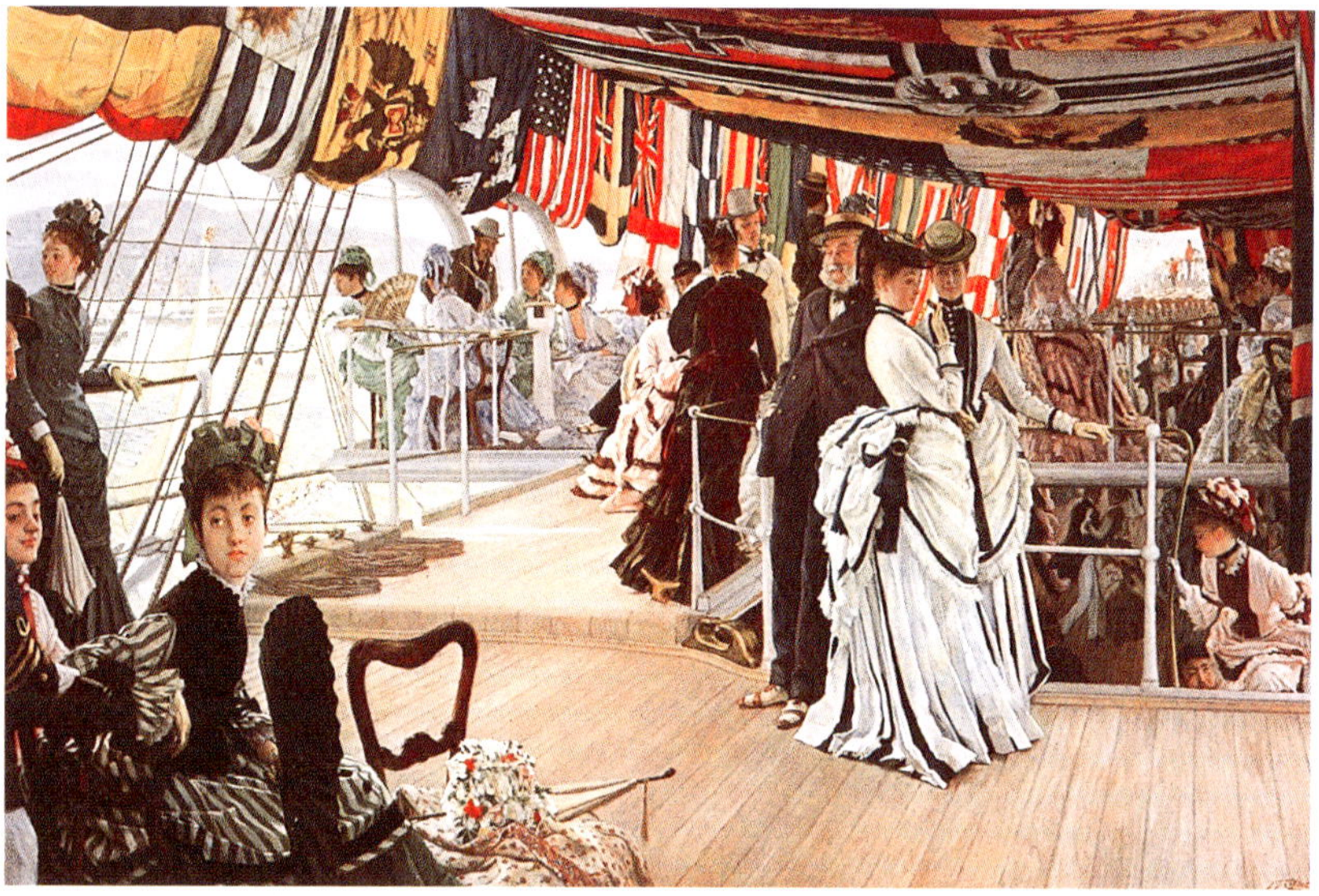

ジェイムズ・ティソ画《船上の舞踏会》1874年頃。1870年代の初期のバッスル・スタイルを伝える代表的な作品（ロンドン、テート・ギャラリー）。

システムのなかで生き残る。それまでは顧客の要望に応じてクチュリエールの手で衣服製作がなされたのに対し、オートクチュールは、モデルに着せて新たなデザインを提案した。女性職人を示したクチュリエールの男性版であるクチュリエの名称でデザインが提案され、ここにデザイナーに委ねられた流行の発信が起こった。

デザイナーの主導で新たな流行となったのがバッスル・スタイルである。オートクチュールの創始者として知られるフレデリック・ウォルトは、ときのナポレオン三世妃ウジェーニー皇后の御用達として衣裳係を務めたが、一八五八年にパリの中心部、ラ・ペ通りに開店、クリノリンから、その膨らみを後方にまとめたバッスル・スタイルへと流行を導いた。後ろ腰に置く腰当てには、さまざまなものがあったらしく、小さな籠型のものや鳥の羽根を詰めたクッションの場合もあった。スカートのつくりも複雑で、内側には膨らみを保つためのリボンが縦横に張りめぐらされていた。

1889年『パリ博覧会』第1巻。1889年の万国博覧会のために建てられたエッフェル塔に上る最初の観覧者。張り出した後部の突出部に乗せるように、上着の裾も張り出し、これをコルサージュ・ア・バスクといった。

アール・ヌーヴォー様式からモダンへ

女性のスカートが短くなり、脚を露出させるようになるのは、一九二〇年代であり、それまでのあいだに女性服はさらに変遷を経ている。その変化はそれぞれの時期に隆盛する装飾様式に従うもので、モードが装飾様式と連動することが二〇世紀の特徴といえるかもしれない。

まずバッスル・スタイルが極端なかたちに変化したのち、世紀末のアール・ヌーヴォー様式の隆盛のなかで、服飾も同様の造形性をもつ。動的なリズム感をもった、流れるような曲線を特徴としたアール・ヌーヴォー様式にしたがって、身体のシルエットは曲線でかたどられている。胸を張り出した姿が、横からみるとSの字を描くことから、S字カーブと呼ばれた。

　このような曲線で囲まれたシルエットは、一九一〇年代になると、一転して幾何学的な直線裁ちのスタイルへと変化する。現代的なフォルムがここに誕生したといえる。このようなデザインの最大の功績者がポール・ポワレ（一八七九〜一九四四年）である。女性の身体からコルセットをとりはずしたデザイナーとして知られているが、一方でホッブル・シルエットという裾を極端に絞ったドレスをつくっている。彼の服飾造形には、トルコ趣味、日本趣味、古代趣味などさまざまな要因があり、あるいはロシア・バレエの舞台衣裳からも影響を受けている。広範な文化の混合として生まれた造形であるといえるかもしれない。そして第一次世界大戦（一九一四〜一八年）とともに、女性服にも合理性が求められる時代がくる。戦後の二〇年代には、日本ではモダンガールと呼ばれ、フランスではガルソンヌ（garçonne）と呼ばれた、新しい女性像とファッションが、世界規模で発生する。ここで登場するデザイナーがガブリエル・シャネル（一八八三〜一九七一年）であり、シャネル・スーツとして知られる短いスカートを組み合わせた女性のスーツが成立する。

ジョルジュ・スーラ画《グランド・ジャット島の日曜日の午後》部分、1884–86年。様式化されているとはいえ、1880年代にバッスル・スタイルが、腰から急に後ろに張り出した不自然なかたちとなった特徴を示す（シカゴ美術館）。

「グランド・モード・ド・パリ」誌（1905年）。ドゥイエによるカジノの装い。カジノとは、夏のリゾート地の社交・娯楽場を指す。

第二章 色彩感情と文様の意想

1 黒服とメランコリー

一五世紀の厭世観と黒いモード

ヨーロッパの絵画を見ていると、一六世紀以降、黒い服を着る人物が多くなることに気が付く。一七世紀のオランダ絵画に登場する男女はほとんど黒い服をまとっているし、一九世紀の男性はみな黒い恰好であり、今日なお暗色系のスーツは男の服装の基本である。もちろん一方で色彩豊かな服装が男女を問わず宮廷生活を彩ってきたこともたしかだが、時代が進むにつれ黒い服へと確実に重心は移る。そして今日のヨーロッパ人には、生活のなかで色を使うことにある種の嫌悪感をいだくクロモフォビア（色彩嫌悪）の感情がある。それはなぜだろうか。

黒い服が洗練されたモードとして登場するのは中世末期の一五世紀であり、それまでこの色の服を上層階級の人びとが着ることは決してなかった。したがって黒い服が流行する一五世紀を人びとの心性に大きな変化の起きた時代として捉えることが、今日の服飾史の定説である。ではなぜ黒が好まれるようになったのか、そしてその後なぜ今日まで黒い服の歴史が続くことになったのか。宗教、思想、経済、技術などさまざまな要因によって、黒のイメージは微妙に変化しながら今日にいたっている。

一五世紀に黒い服が流行し始めたとき、これを牽引した人物として服飾史で引かれてきたのが、フランスのブルゴーニュ公領を治めたフィリップ善良公（一三九六〜一四六七年）である。写本挿絵に登場する彼の姿は、いつも黒装束である。彼の黒い装いは、一四一九年、王室との確執のなかで父公が無惨にも暗殺されたときに始まる。以後、彼は黒い喪服を脱ぐことはなかったというのである。実はこれは、彼の事績を記した年代記作家が彼の不幸にあまりに感情移入したための誤解であり、すでにフランスに限らず、ヨーロッパ各国で黒が流行を始めていた。王室本家を凌いで繁栄したブルゴーニュ公家ではしばしば祝祭が開かれたが、ここに集まる各国の騎士はそろって黒装束だったし、貴族階級のみならず市民階級にも黒が受容されたことは、一五世紀前半から後半の半世紀にわたって記されたパリの仕立屋コラン・グルダンの帳簿が証している。とはいえ、フィリップの喪服の黒は、

作者から著作の献呈を受けるブルゴーニュ公フィリップ善良公を描いた1448年 の写本挿絵。フランス王家を凌ぐ繁栄を誇ったブルゴーニュ家は、多くの写本を制作させ、その挿絵に献呈を受ける公の姿は多いが、彼は常に黒いプールポワンを着ている（ベルギー王立図書館Ms.9243 f.1）。

1493年に亡くなったフィリップ・ポーの墓の泣き人。深い頭巾に顔を隠し、うなだれて行列する黒衣の人物像は、メランコリーの表現として優れている（ルーヴル美術館）。

この色のこの時代のイメージをよく伝えている。喪の色としての黒の好尚は時代のメランコリックな心性に支えられ、その後の黒の歴史をつくったという意味で重要である。

　一五世紀が厭世観に満ちた時代であったことは、文学や美術の領域で指摘されている。たとえば《死の舞踏》と称される図像テーマは、繰り

ジョット（1266-1337年）画《小鳥に説教をする聖フランチェスコ》。フランチェスコ会修道士は、修道服の色から灰色僧と呼ばれたが、ここでは褐色を示している。未染色のウールであるため、色調には幅がある（ルーヴル美術館）。

返される疫病の流行から、人びとが死を身近に感じていたことの証しである。英仏の百年戦争のはざまで、二五年のあいだイングランドに幽閉された貴公子シャルル・ドルレアンの物憂い歌は、彼の置かれた環境に由来するとしても、背景には憂鬱な感情の吐露を好む時代の美意識がある。後述するように滴《しずく》の模様が流行するのも、文学的抒情性を背景とするとはいえ人びとのメランコリックな心のうちを示している。黒い服は、憂愁感に満ちた時代の雰囲気のなかで流行しているのである。あえていえば、喪服として黒が定着するのはこの時期である。それまで喪の色は必ずしも黒に限らず、暗い色なら青でも紫でもよかったし、白はかわらず寡婦となった王妃を示す色であった。喪の色が黒に特化していくのが一五世紀である。

中世の修道服と黒

このような色彩感情がいかに新しい現象であったかは、この種の色がそれまでどのように使われてきたかをみればよい。黒、白、灰色、わたしたちが無彩色と呼ぶこれらの色は、貧しく汚い色であり、ゆえに簡素と清貧を宗とする修道士の服の色であり、また自然色の羊毛の服しか着られない庶民の服の色であった。ベネディクト修道会士は黒僧、フランチェスコ修道会士は灰色僧、シトー修道会士は白僧、それぞれの修道服の色で区別されたことはよく知られているが、本来これらは染められていない羊毛の自然色であった。したがって黒い布とは、黒い羊の毛を織っただけの、うす汚れた布である。カムラン（camelin）、あるいはビュロー（bureau、褐色の布というのが原義）と称された、そのような未染色の毛織物は平民の物質的貧困ばかりか、精神的卑しさをも暗示し、ベージュという色名も侮蔑的なニュアンスを含んでいた。フランス語で黒い（noir）という語は、物語文学のなかで醜さ、危険、悪徳のシンボルとして機能する。

このような黒がモードの色として脚光を浴びたことは、やはり新しい現象である。黒い服が時代のメランコリックな心情に応えたにしても、では、なにがきっかけで人びとは黒に目覚めることになったのか。その詳細は未だ明らかにされていないが、イタリアで一四世紀以来たびたび発布されてきた贅沢禁止令によって黒が強制され、それが美しい黒の染色技術の開発につながったという推測がある。黒く染めるには、クワやスノキなどの野生の実やクルミの樹皮を使うが、もちろん斑《むら》のない漆黒には染められない。ゆえに茜《あかね》から得る赤い染料と大青《たいせい》と呼ばれる植物から得る藍染料の二度染めによって行う

《カール5世》1550年。1516年にスペインを相続し、スペインの繁栄を築いた神聖ローマ帝国のカール5世は、前世紀末のブルゴーニュ家の伝統を受け継いで黒装束である（ウィーン、美術史美術館）。

のが通例だが、茜が強ければ茶色を帯び、藍が強ければ青くなり、漆黒に染めることは難しい作業であった。禁令によって黒を着る機会が増えるにしたがい、美しい黒を染め出す技に人びとが関心を寄せ、染色技術が開発されたとき、そこに時代のメランコリックな心情が重なった。

憂鬱質《メランコリー》と黒

一五世紀の黒の流行は、ブルゴーニュ公フィリップの孫娘にあたるマリー・ド・ブルゴーニュが神聖ローマ帝国皇帝のマクシミリアン一世に嫁ぎ、やがて彼らの孫にあたるカール五世がスペインを統治、その繁栄を築くことにより、スペイン宮廷のモードとしてヨーロッパ各国に広がったとするのが定説である。黒が男性の服装に好もしい色であったことを端的に伝えているのは、カスティリオーネによる作法書『宮廷人』（一五二八年）である。黒が最高、漆黒でないとしても暗色系がよいと勧めている。

ところで一六世紀の黒の好尚には、前世紀のメランコリックな黒に加えて新たな展開がある。それはこの世紀が人間の気質としての憂鬱質《メランコリー》に芸術家としての素質を認め、これに結び付く黒を尊重したことである。一五世紀イタリアの医者にして哲学者のマルシリオ・フィチーノは、古代ギリシアのヒポクラテスの四気質論に基づき、黒胆汁を多く含むと考えられる憂鬱質《メランコリー》に、天才のしるしや芸術家の資質を認めた。それまで無名の職人でしかなかった存在が、芸術家として認められる時代となったとき、その才能と結び付いた黒は、おそらく知識と教養を豊かに備えるべき宮廷人の理想像とも重なり、黒を身につけることが望ましい貴族の姿として推奨されたように思われる。黒は憂愁に満ちた色であるという点では変わりないが、そこに知識人や芸術家の才能を重ね合わせた点で、一六世紀は新しい黒のイメージを発見したといえる。

プロテスタントの色彩倫理

一六世紀の黒にさらなる意味を付

《ウィリアム・ブルークと家族》1567年。大人には黒い服、子どもには白い服を勧めたプロテスタントの色彩倫理をよく示している（イングランド、ウォーミンスター、ロングリートハウス）。

与したのは、カトリックから分離したプロテスタントの宗教思想である。

清貧を宗とする中世の修道会のユニフォームと発想は同じであるが、この色を道徳的な色として、とくに市民階級に根付かせたのは、プロテスタントの倫理観である。黒が今日にいたる衣服の歴史のなかでゆるぎない地位を占めたのも、その倫理によるところが大きい。

マルティン・ルター（一四八三～一五四六年）がカトリック教会の改革を求め、運動を始めたのは一六世紀初頭、カール五世の時代である。聖書に立ち返る福音主義を理念とするプロテスタントの思想は、教会からいっさいの装飾を排除し、きわめて禁欲的であった。彼らは同様に服装の簡素を説き、たとえばメランヒトンは一五二七年、「衣服について」と題した説教において、黒や灰色の服装を勧め、子どもには白をよしとしている。聖書が教えるように、ひとが衣服を着るようになったのは、アダムとイヴが神の掟に背き、禁断の木の実を食べて自らの裸体に気付いたときである。したがって衣服は原罪を呼び起こすもので、その衣服に暖色系の色や明るい色を使ってはならないとするのが、彼らの主張であった。

宗教改革はヨーロッパ各地へと広がり、ゆえに黒い服装は次の世紀にかけてヨーロッパ市民に定着した。レンブラントの描くオランダ市民がみな黒い恰好で描かれているのは、

クラナハ画《マルティン・ルター》1530年（フィレンツェ、ピッティ美術館）。

アイザック・オリバー画《ブラウン家の兄弟》1598年。三兄弟がそろって全身黒ずくめで、いかにもピューリタンを生んだイングランドらしい（バーリー邸コレクション）。

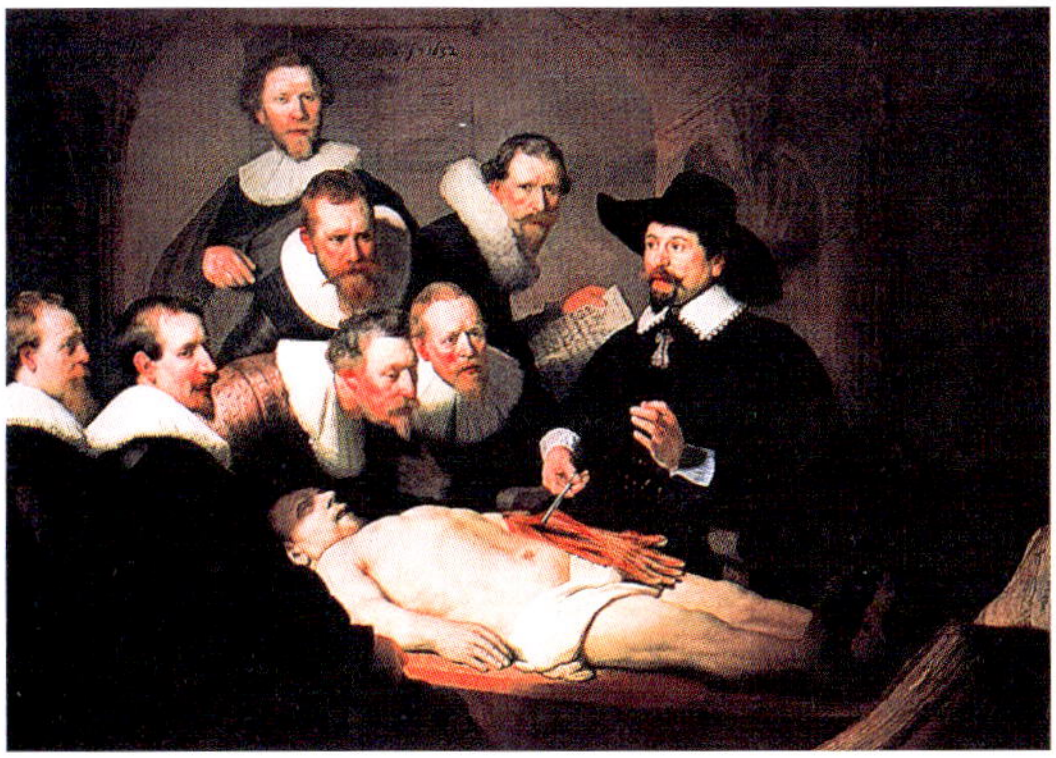

レンブラント画《トゥルプ博士の解剖学講義》1632年。犯罪者の処刑後、アムステルダムの外科医のギルドの要請で行われた公開解剖を描いている。黒衣を着ているのは、彼らが医者であるからではなく、これがオランダの習俗であった（ハーグ、マウリッツハイス美術館）。

《イザベッラ・デ・メディチ》1560年頃。イザベッラ（1542–76年）は、トスカーナ大公コジモ１世の娘。1558年にローマの貴族、パオロ・ジョルダーノ・オルシーニと結婚したが、夫に殺された不幸な女性である（フィレンツェ、パラティーナ美術館）。

レンブラント画《アガサ・バスの肖像》1641年（イギリス王室コレクション）。

いち早い市民社会の成立による。とはいえ、いったん流行となれば、黒はプロテスタントの禁欲的な精神どころか、流行に追随する軽薄な行動を示すことにもなった。モリエールの戯曲『亭主学校』（一六六一年）が、厳格で古風な人物に、祭日でもないかぎり若い女性に黒い服など着せないと述べさせているのは、フランスでも黒が贅沢な盛装となっていることを示している。黒は必ずしも宗教的な倫理観を示すというわけではない。

ヴァン・ダイク画《フィリップ・ル・ロワ》1630年。翌年の結婚を記念して描かせた肖像画で、夫人の肖像と対になる。肖像が描かれたとき1596年生まれのフィリップは30代半ば、妻となったマリーは1614年生まれで16歳であった（ロンドン、ウォーレス・コレクション）。

ヴァン・ダイク画《フィリップ・ル・ロワ夫人》1631年（ロンドン、ウォーレス・コレクション）。

2 資本主義社会の黒服

勤労を示す黒と貞淑を示す白

市民社会で黒い服が定着したことは、黒が勤労の価値と結び付くことを想像させる。実際、黒が服装の色として決定的となるのは、一九世紀に資本主義の時代を迎えたとき、働く男性の衣服としてであった。イギリスでは一八世紀に産業革命をなしとげ、その自由思想はフランスに革命を起こし、この国も一九世紀には産業社会を迎えた。勤労者の衣服としてなぜ黒が好ましいのか、これを促したのもプロテスタントの倫理である。マックス・ヴェーバーの名著『プロテスタンティズムの倫理と資本主義の精神』が示すように、資本主義を支えたのはプロテスタントの倫理で、その禁欲的な倫理が、工場生産によって安価な品を大量につくり、多くのひとに等しく享受されることをよしとしたからである。今日なお事務機器や電化製品に黒やグレーなど無彩色が多いのは、機械生産の始まった初期にプロテスタントの思想的支えがあったがゆえの名残である。

資本主義社会で問われるのは、自らの勤労によって得た富の蓄積であり、世襲によって得られた財産でもないし家柄でもない。勤勉な労働によって得た財力を見せびらかすことなく差異化をはかることが、男性に求められた価値である。黒い燕尾服や暗色系のフロックコートが一九世紀の男性服の主流となり、「美しく装うためには目立つ必要はない」という身嗜《みだしな》みの鉄則を定めたダンディスムが生まれるのも、このような情況においてである。素材や仕立てによって差異化をはかる今日の紳士服の価値観がここに生まれている。

男に代わってその経済力を示すことができるのは妻たる女性である。したがって女性には華やかな色のドレスが許され、ここにモノクロの男性服とカラフルな女性服という男女による色の対比が鮮明になり、色が女性性と結び付けられて嫌悪される、今日のクロモフォビアの感情が生まれることになる。

一方で一九世紀は、働く男性と家庭を守る女性という性による役割分担が最も際立った時代であった。ここに、男の勤労を示す黒服に対して貞淑な妻たるものの白いドレスという、もう一つの色彩対比が生まれる。一八世紀後半から一九世紀初めの女性服がシンプルで白いドレスである

トーマス・ハドソン画《紳士の肖像》1750年。次の婦人像とともに結婚を記念して描かれたと推測される。いずれの服装も18世紀のイギリスらしい簡素の美を示す（ダリッチ美術館）。

トーマス・ハドソン画《その妻の肖像》1750年（ダリッチ美術館）。

プリュードン画《家族の肖像》1802年。女性は白いシュミーズ・ドレス、男性は白いシャツに暗い色調の上着、近代らしい色彩の対照である（アムステルダム、国立美術館）。

のは、古代ギリシア調の復古や田園趣味など簡素を好む風潮に由来するとはいえ、男性と対照的な白いドレスに、女性に求められた家庭婦人としての美徳を重ね合わせて読むことはできる。白いドレスは、純潔のしるしである白いウェディング・ドレスへと集約されていく色のシンボルを生んだ。

ダンディの黒い燕尾服

ダンディ（dandy）とは、一九世紀初頭にイギリスでお洒落な男性を指して使われたことばである。彼らの風俗はフランスに伝わると服装の洗練にとどまらない、ひとの生きかたを問う美意識、ダンディスムへと展開した。装いの基本は、人びとの平等が保証された民主主義のもと、みなが等しく燕尾服やフロックコートを着る時代に、いかに個性的に着装するかの工夫にあったが、ここにふたたびメランコリックな時代の心性が介在した。資本主義の時代を迎えてなお黒服を支えたのはメランコリックな感情だったが、とはいえ一九世紀に固有の憂愁感であった。

ダンディという風俗がロンドンを風靡したのは一八一三〜一九年であり、その手本となったのが、イギリスの宮廷で活躍したジョージ・ブランメル（一七七八〜一八四〇年）であ

「ジュルナル・デ・ダーム・エ・デ・モード」誌（1823年4月5日号）。夜の正装の燕尾服に対し、昼間の略装にはフロックコートを着る（文化女子大学図書館）。

「ジュルナル・デ・ダーム・エ・デ・モード」誌（1823年4月15日号）。脚に張り付くようなタイトなズボンは、脚の恰好の悪いひとを悩ませたという（文化女子大学図書館）。

「ジュルナル・デ・ダーム・エ・デ・モード」誌（1826年1月15日号）。パリの上層階級の女性向けに刊行された情報誌で、女性のファッション・プレートのほかに、男性モードを伝える版画が挟まれた。燕尾服の下に派手なチョッキを2〜3着重ねるのがお洒落だったという（文化女子大学図書館）。

る。少年の頃からお洒落で成績優秀であった彼は、貴族の庇護を受けて高等教育を授かり、仕えたジョージ四世の宮廷で、洗練された身嗜みと挙措によってたちまち注目の的となった。評伝によれば、悠揚迫らぬ態度や巧みな話術など、立ち居振る舞いの魅力が隙のない装いをより美しくみせたようである。伝えられているのは、ネクタイの結びかたの工夫で、彼の新たな結びかたを、宮廷人は競って真似たという。『ネクタイの結びかた一六章』なる本が版を重ねたように、画一化された男性服において個性を発揮できる唯一のものがネクタイであった。

　ダンディの風俗をフランスにもたらしたのは、革命の難を逃れていた亡命貴族で、王政の復古した一八一五年からの帰国によって、フランス上層社会を風靡することになった。昼間はフロックコート、夜の社交には黒い燕尾服を着ることは礼儀作法の基本であり、立身出世を夢見る若者が最初に学ぶことであった。もはや出自によらない、自らの努力で栄達を望める社会だが、とはいえ社交界での後ろ盾を必要とした時代に、黒い燕尾服を美しく着こなすことは将来の出世が約束されることであった。当時の風俗を背景に若者の夢と挫折を描いたバルザックの小説「人間喜劇」の証言である。黒い燕尾服に白いシャツ、白か黒のズボン、白と黒を対照的に使った服装は、女性のように優しい風貌の青年によって装われ、当時のモード雑誌を飾っているから、このようなダンディが当時の理想的な青年像であった。脚に密着するズボンが流行った一八二〇年代には、脚の恰好に自信のない男を悩ませたとバルザックが証言しており、腰を絞った姿態をつくるためにコルセットを装着した時代であれば、こちらもなんらかの補正がされたかもしれない。

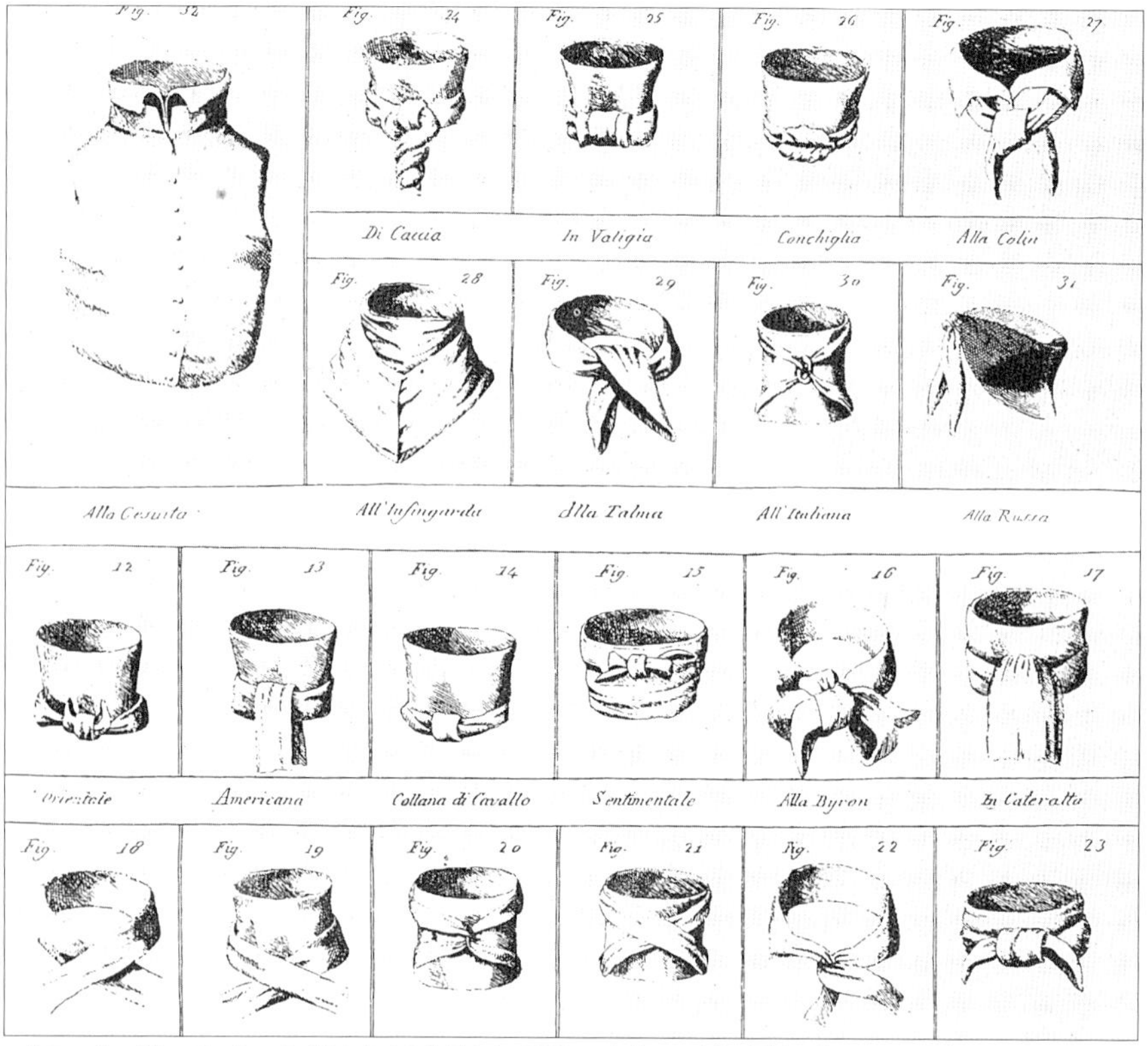

マルコ・ド・サン・ティレール『ネクタイの結びかた16章』パリ（1827年）。男性の着こなしの最大のポイントはネクタイ、すなわちネッククロスの結びかたにあった。ネクタイは男の代名詞であり、男の精神と趣味を示すバロメーターだと著者は言う。

ダンディスムと憂愁感《メランコリー》

こうした風俗上のダンディがダンディスムとして意識化されるのに貢献したのが、詩人ボードレール（一八二一～六七年）である。自らダンディと称してお洒落に凝ったばかりか、ダンディスムとは何かを美術批評のなかで冷静に分析した人物である。ロマン主義芸術を支えた批評家として著名であるが、流行という現象に注目し、風俗や生活を描いた作品を評価したことは、評論『現代生活の画家』（一八六三年）が端的に示している。彼はここで「化粧礼讃」

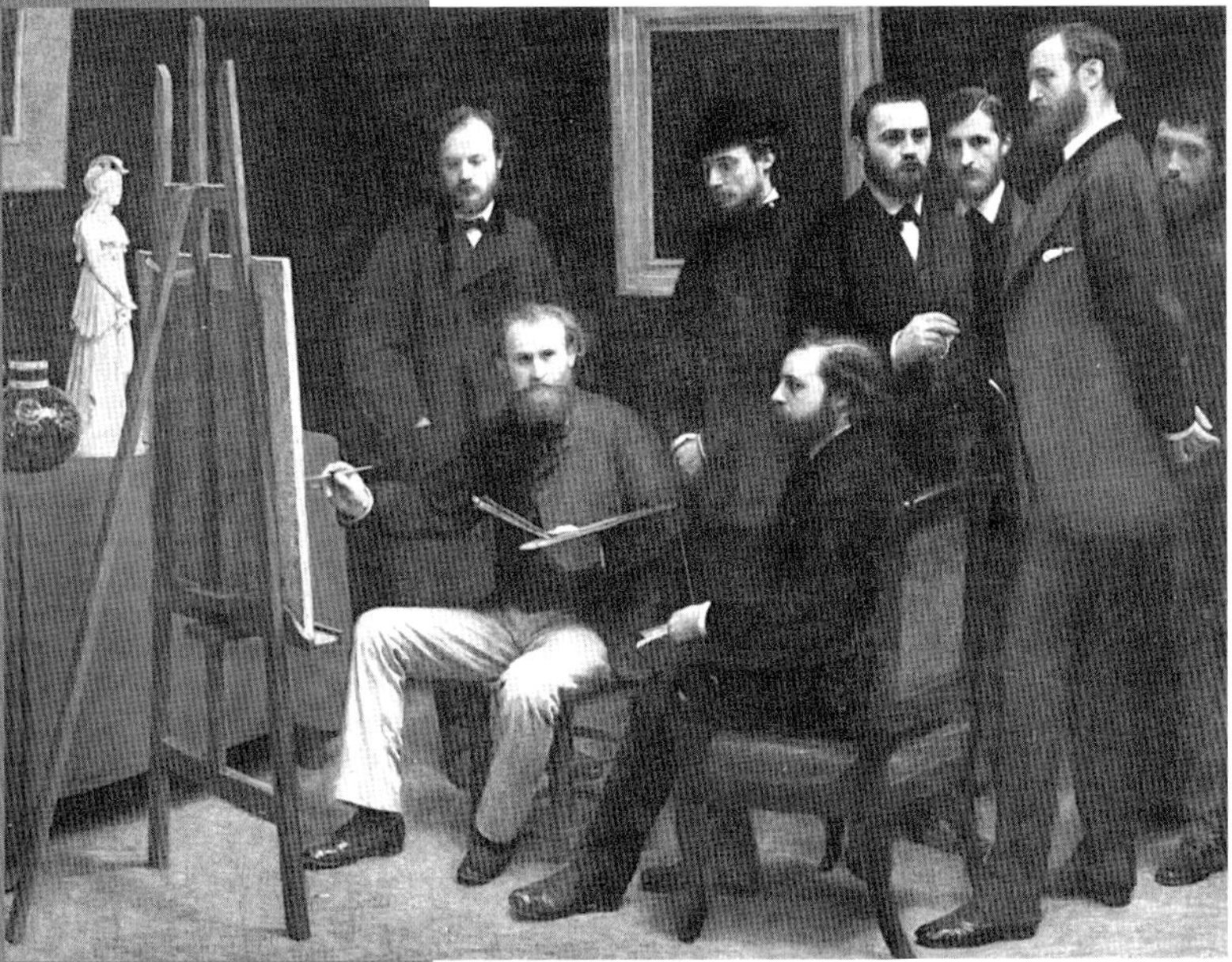

アンリ・ファンタン=ラトゥール画《バティニョールのアトリエ》1870年。パリ北部のバティニョール地区にマネはアトリエを構えた。今日の背広とほぼ同じかたちのジャケットを着ている右端の横向きの男性は、画家フレデリック・バジールである（パリ、オルセー美術館）。

と題して、自然の状態を醜く、悪とみなす性悪説に基づき、人工的に美しくなる装いの技を賞賛している。ひとが善と美の存在になれるのは宗教と教育、化粧と服装によってであり、起こっては廃れる流行が生じるのは、理想的な美に向かってひとが絶えず努力をしている証しなのだという。

　身を飾ることを正当化したボードレールが、最も心を砕いたのが黒い燕尾服の着こなしである。ズボンの太さや襟の折り返しなど、ひととは微妙に異なる燕尾服を仮縫いを重ねて完成させたとき、それを一ダースつくり、毎日、しかも夜間のみならず昼間にも着用したと伝えられている。なぜ彼が燕尾服を愛したのか、実はここにメランコリーとからむ黒の意味がある。

　一八四六年の政府主催の美術展覧会「サロン」を評した彼は、そこで黒い燕尾服には、民主主義社会における平等の表現という政治的な美しさがあるばかりか、人びとの魂の表現という詩的な美しさがあると述べている。人びとの平等が保証された時代に等しく着られるこの黒い燕尾服には、金銭がすべての価値基準となったブルジョア社会に生きねばならない人びとの苦悩《メランコリー》が示されているというのである。それは、階級社会から大衆社会への移行によって芸術家としてのプライドが保てないことへの苛立ちであり、人びとから矜持を奪うブルジョア倫理への嫌悪感もである。このような厭世観は当時の作家に共有され、ボードレールは、この感情を黒い燕尾服に読み、これを愛したのである。

　民主主義と資本主義を迎えた社会で男性がそろって着る黒い燕尾服は、勤労のしるしであり、若者の立身出世や野心を暗示する服であるととも

シャルル・ボードレールの肖像写真。ナダールのスタジオで1860年代に撮影された写真。1850年代からパリに写真館が登場し、肖像写真を撮ってもらうことがブームであった。

に、芸術家のブルジョア社会への抵抗や憂愁感を表す服であった。燕尾服は一九世紀半ばから儀礼用となり、一八七〇年代には、今日の男性の背広がほぼ完成する。世紀末に、グレーや茶の微妙な色合いのスーツを着こなしたことで知られるロベール・ド・モンテスキュー伯爵は、新《ネオ》ダンディスムの実践者といわれる。

ジョヴァンニ・ボルディーニ画《ロベール・ド・モンテスキュー伯爵》1897年。ユイスマンス『さかしま』のデ・ゼッサントやプルースト『失われた時を求めて』のシャルリュス男爵のモデルになった人物。洗練された着こなしにより世紀末のダンディと称される（パリ、オルセー美術館）。

3 多色嫌悪《クロモフォビア》と縞柄

道化と芸人のカラフルなユニフォーム

黒を好もしい色として認識する背景には、プロテスタントの倫理観やメランコリックな心理状況だけでは説明できない、もう一つ別のヨーロッパに独特の感性がある。それは、多彩な色使いに蔑視と警戒をいだく心的傾向である。服装であれ、町の景観であれ、今日のヨーロッパの人びとが色に対してきわめて禁欲的な態度を示すのは、カラフルな色使いに対する強い抵抗感が歴史のなかで育まれてきたからである。その原点は、多彩な色を危険人物、あるいは蔑視されたひとのしるしとして使った中世にさかのぼる。この時代、鮮やかな複数の色を身体上に同時に使うことは、宮廷の道化師のユニフォームであり、あるいは芸人や楽師など、社会の序列に組み込まれることなく、社会から疎外された人たちの衣服であった。

すでに述べたように、黒がモードの色となったのは一五世紀であり、それまで黒い服を上層階級の人びとが着ることはなかった。支配者階級の着ることのできる服は、赤系や青系の鮮やかな色の服であった。それは自然の染料に頼るしかない時代に、美しく染めることのできる染料が限られていたからである。

青は中世ヨーロッパの一大産業であった大青による藍染料を、赤は地中海沿岸で採取されたカイガラムシから得るケルメス染料を使い、これでフランドル地方産の毛織物を染め、高級服地（スカーレット）が生産された。もちろん青が好まれた背景には、後述のようにフランス王室がこの色を紋章の色と定め、また聖母マ

《楽師》カラフルな縞柄を着ているひとたちは、詩や歌を歌い、楽器を奏するジョングルールと呼ばれた楽師である（ハイデルベルグ、大学図書館 Cod.Pal. Germ.848 f.399）。

ジャン・フーケ画《フランス王シャルル7世》15世紀。深紅のプールポワンは最高級のスカーレットで製作されていると思われるが、ビロードの可能性もある（ルーヴル美術館）。

ジャン・フーケ画《道化ゴネッラ》15世紀。イタリアのフェラーラのエステ家の宮廷に仕えた道化。赤・黄・緑の典型的な道化服を着ている（ウィーン、美術史美術館）。

リアの衣の色が絵画上で青に習慣化されていたという事実があり、一方の赤には、古代に珍重されたいわゆる貝紫の伝統を継いで、赤を高貴の色とする感情があった。

つまり濃く鮮やかな赤や青が価値のある色として好まれたのだが、このような色を一色に限ることは許されても、複数の色を身体上に併置することには激しい嫌悪感が示されたのである。道化や芸人のユニフォームは、赤や青や黄や緑などから数色を選び、縞あるいは左右色違いに並べた配色を特徴とする。そして青や赤とは対照的に嫌がられた黄や緑の併置が、とくに芸人や道化という侮蔑の対象となったひとのしるしとして機能した。多彩な色使いに抵抗を感じる感性の原点はここにある。

道化《ノール》は、自ら思うことを素直に語ることを許され、素朴な物言いによって宮廷人を楽しませることを任務とするが、それは理性を欠いた人間と認められていればこそ許される行為である。ときに真理を語る愛すべきひとであるとしても、彼らは蔑視の対象である。一方、楽器を奏し、しばしば物語を吟じて聞かせる楽師もまた、音楽に携わるその技を悪魔の仕業とみなすキリスト教の観念によって、蔑視された。楽師は、道化、役者、軽業師、曲芸使い、熊使いなどと同等に扱われたばかりか、娼婦や賭博師、手品師などの商売に括られることもあった。

娼婦のしるしである多色の縞

ゆえに娼婦も多数の色のしるしを付けさせられることがあった。複数の色の縞模様の腕章を付けさせたことは、一三五三年のイギリスの議会の決定にあったことが知られており、一二六五年のマルセイユ市の条例は、色の詳細を明らかにしていないが、縞のマントを娼婦に義務付けたと伝えている。

複数の色を一つの平面上に並べることに対する嫌悪感は、中世末期の文学作品に少なからず登場する運命女神の描写にわかりやすい。ひとの一生が有為転変きわまりないのは、運命女神の手中にあるからで、おとずれる禍福が予想できないのは、彼女が気まぐれで、行動に見境がないからである。そのような彼女の脈絡のない行動と移り気な性格を示して、彼女はさまざまな色で構成されたドレスを着る、と文学作品は述べている。多彩な色使いは、ゆえにひとを弄ぶ、ふしだらな女のしるしである。このイメージは、マグダラのマリアに多色の縞柄を添えて表すという絵画上の習慣を生んだ。悔い改めのマリアを描く際に、それまでの彼女の行いを示してなんらかの縞柄を添えることが彼女のアトリビュートとなっている。

ゆえに教育書は複数の色を使うことを戒める。一五七三年、マリー・ド・ロミユーなる女性による女性に向けた教育書は、とくに赤と黄、緑と黄の配色は香具師のようであるから避けるようにと説き、さらに身頃と袖に四色、さらに靴下と履物に二色を使うようなことがあってはならないと注意を促している。複数の色使いに対する抵抗はこのように大きい。

縞柄と左右色違《ミ・パルティ》い

ところで前項の例はいずれも、複数の色の併置を縞という柄によって表している。つまり縞柄も嫌悪の対象であったということである。今日なお縞の囚人服が存在するように、社会秩序に違反したもののイメージを担う縞の原点とは、前述のようなことである。道化服の典型である左右色違いも、二色が交互に繰り返されれば縞になるから、これも同種の柄である。

中世において縞模様がいかに嫌悪されたかは、ミシェル・パストゥローの著作に詳しい。その事例として、カルメル修道会の修道服に関する一三世紀の事件がある。この修道会は、一二世紀にパレスチナのカルメル山に本拠を置いたのが始まりで、のちにヨーロッパに移住した托鉢修道会である。創始者を預言者エリヤに求め、エリヤが火の車で天に昇るとき、弟子エリシャになげ与えた白い衣が、炎で焦げて縞になったという旧約聖書「列王紀」にしたがって、修道会は白と茶（黒）の縞をユニフォームとしていた。一二五四年、縞の服を着た修道士は、ヨーロッパ各都市でスキャンダルを巻き起こし、結局一二八七年に修道会はこの衣服の放棄を決めねばならなかったという。

　このようにして縞柄は、前述の特別な人たちを除けば一般に着られることはなかったが、ただし子どもには王侯貴族の子弟にさえこの柄が流行したことがある。子どもの縞の服には、成長した子どもの服の裾に別布を縫い付けて間に合わせるという実用性を推測する向きもあるが、むしろ子どもが道化などと括られる中世の子ども観に理由があったように思われる。道化や芸人の衣服と子どもの衣服のあいだに多くの共通点があるからである。

　縞もしくは左右色違いのデザインは、一四世紀にフランスでは一〇代の少年に流行している。たとえば、のちのシャルル五世（在位一三六四

《運命女神》15世紀。運命女神はカラフルな斜め縞のドレスをまとい、左手に見える運命の車輪を回して人びとの運命を司る（サンクト・ペテルブルク図書館 Ms.F.V.xv 6）。

〜八〇年）が王太子の一三五二年、妹の結婚式に列席するために、青と赤のビロードの左右色違いの衣裳をつくっている。このときシャルルは一三歳ほどで、列席した大貴族の子弟らがそろって同様のデザインを着ている。イタリアでは、少年ばかりか少女にもしばしば左右色違いの衣服がみられ、そもそもこのデザインの発祥はイタリアにあるともいわれる。

子どもと道化らの衣服との類似は、さらに黄色や緑の使用にもある。黄色ということばは裏切り者という意味で使われることがあり、一三世紀以後、ユダヤ人をしるし付ける色としてこの色は使われたから、黄色の服が一般に着られることは皆無であった。緑にも同様のイメージがあり、後述のように五月祭という祝祭を除けば着ることはまれである。このような黄色と緑が、道化や芸人ら、そして子どもには、たとえ王女であろうとも着せられた。

服装の類似は、着るひとが同じ観念で捉えられていることを示す。子ども服が道化服と同じなら、子どもは道化のように捉えられたということである。つまり、人格形成途上にあり、未だ理性をもたない存在として子どもを軽視するみかたである。

一方で縞や左右色違いが、貴族の日々の生活の世話をする奉公人にも

シモーネ・マルティーニ画《福者アゴスティーノ・ノヴェッロの祭壇画》部分（1324年）。アゴスティーノの四つの奇跡を描いたものの一つで、バルコニーから落ちる子どもを救う奇跡の場面。子どもの太い縞柄が印象的である（シエナ国立絵画館）。

フィレンツェのサンタ・マリア・ノヴェッラ教会壁画にみられる少女たちの輪舞の光景（1365年）。14世紀イタリアの壁画には、縞や左右色違いの服を着た少年・少女を描いているものが多い。

使われていることは、家庭奉公が教育の一環とされた時代の子どもの姿と重ね合わされる。実家より格式の高い家に預けられ、主人の身の回りの世話をしながら行儀作法を学ぶのが、貴族の子弟の教育である。子どもは未だ理性を備えていない未完成の人間であり、奉公しながら修行の途上にあるというのが、中世の子どもの姿であり、衣服の色や柄がそれを示している。

百科全書『事物の属性について』の15世紀の写本挿絵で、《人生の世代》を示している。父親に叱られている男の子が黄緑色を、右端の青年が緑の服を着ているのは、それぞれの世代にふさわしい色だからである（フランス国立図書館Ms.fr.135 f.193v.）。

4 政治と祝祭の色

王のシンボル・カラーと都市の紋章

複数の色の縞模様、あるいは対照的な色で左右色違いにするデザインは、歴史のなかで必ずしも負のイメージだけをもったわけではない。後述のように縞が自由と解放のシンボルになる時期もあり、嫌われた事実ばかりが目立つ中世でも実は微妙なところがある。すなわち同じ左右色違いのデザインでも、紋章の色に由来し、そこに政治的な意味が込められることがあったからである。

中世の王侯貴族は自らの出自を示す紋章を多用したが、これとは別に自らのシンボル・カラーをもつことが、一四～一五世紀に流行した。たとえばフランス王シャルル七世（在位一四二二～六一年）は、赤・白・

ジャン・フーケ画『エティエンヌ・シュヴァリエの時禱書』における《東方の三博士の礼拝》15世紀。左端に並ぶシャルル7世の兵士が王のシンボル・カラーの三色をつけている（シャンティイ、コンデ美術館）。

緑の三色を選び、それは自ら率いる軍隊の兵士のそろいの服の色ともなった。凱旋や祝祭の場面では、王自らは青地に金の百合の花を散らした王家の紋章を身に付け、シンボル・カラーはもっぱら兵士の服装を飾っているが、平時には王自身の衣裳がシンボル・カラーをなんらかの装飾として付けたことが記録からわかっている。

　紋章やシンボル・カラーは王侯貴族の占有物なのではない。ヨーロッパの都市はそれぞれ早くから紋章を定めていた。そのような町の紋章の色が表された例が、たとえばパリ市の役人の制服にある。セーヌ河の河川交易で発展したパリ市は、初期には赤地に白い小舟の紋、一五世紀に国王直轄の町となってからは、その上に王家の紋をいただいた。つまり赤・白・青・金の四色のなかから、赤と青の二色を左右に配置したのが、パリの役人の制服であった。

　一四三七年、英仏の百年戦争のさなか、イングランドに占領されたパリをシャルル七世が奪回、凱旋したとき、王配下の兵士は赤と緑の帽子、王を迎えたパリ市の兵士は赤と青の陣羽織《コット・ダルム》を着用した。それぞれが帰属を示して、王の色と都市の色から二色を選び、配色したのである。

　しかし衣服の色は帰属を示す単なるしるしなのではない。帰属のしるしであるがゆえに、何色をつけるかが政治的な立場を表明するからである。たとえば、前王シャルル六世（在位一三八〇〜一四二二年）の妃イザボー・ド・バヴィエールが、一三八九年、パリに入市したとき、迎えたパリの役人や市民は、王の色である赤・白・緑・黒の四色から赤と緑を選んで左右に配置し、王と王妃に恭順の意を表している。誰の色を付けるかは、国王と都市、あるいは封建領主と市民のあいだの力の拮抗を示し、

15世紀初めに本家の王室を凌いで繁栄を誇ったブルゴーニュ家の当主《ブルゴーニュ公ジャン》を描いている。衣裳には、彼の紋章であるホップの葉、鉋、水準器が描かれている（フランス国立図書館 Ms.fr.2810, f.226）。

1528年刊のパリ市の裁判権に関する国王勅令を飾る木版画で、《1500年頃のパリ市の役人》を描いている。役人の服は、向かって左が青、右が赤、袖にパリ市の帆舟の紋がみえる（パリ、アルスナル図書館）。

封建制から君主制へ移行する中世末期の政治情況さえ物語る。

一三七九年、ヘント市民とフランドル伯との抗争のなかで、市民は町の紋章に由来する白い帽子を被って決起の合図とし、彼らはシャプロン・ブラン（白帽）と呼ばれた。服装の色は帰属を示し、集団に連帯を促すばかりか、その意思を端的に伝える役割を担う。

『フロワッサール年代記』が示す《シャルル6世妃イザボー・ド・バヴィエールのパリ入市》の挿絵。彼女を迎えるパリ市民が赤と緑の衣服をつけ、同じ配色の衣服を門の上にいる道化もつけている（大英図書館Ms.Harl.4379 f.3）。

フランス革命の標章

政治党派を徽章や服装の色によってシンボリックに示す例は、古今東西にいくらでも見られるが、この種の標章がとくに大きな意味をもった一例がフランス革命期にある。革命の遂行と人びととの連帯のシンボルとして、その機能をはたした三色旗《トリコロール》である。パリの民兵隊の色であった青と赤、そしてパリの民衆蜂起に加担したフランス衛兵隊の制服の色であった白、これらの三色が、新たに創設された国民衛兵隊のしるしとして、司令官ラファイエットによって定められ、ここに三色旗が生まれたのである。

それは一七八九年七月のバスチーユ襲撃からほどないときであった。このときは民衆の運動への加担を示すしるしにすぎなかった三色だが、翌年、一七九〇年のバスチーユ襲撃一周年を記念した連盟祭では、たくさんの三色旗が翻《ひるがえ》り、三色はフランス人としての一体感をたしかめるシンボルへと昇格した。三色は徽章や旗として使われたほかに、革命推進女性クラブの女性たちのスカーフの飾りとされ、一七九一年の新憲法制定に向けて召集された憲法制定会議にちなみ、「憲法制定会議風ドレス（Costume à la Constitution）」と名付けられた衣装は、三色でつくられたモダンなドレスであった。共和国宣言をした一七九二年、「自由の祭典」を祝い、旧体制の象徴たるバスチーユ牢獄の模型を運ぶ男たちも、

1792年の祝祭で《バスチーユの模型》を運ぶ男たち。赤い帽子は共和派のシンボルで、赤と白の縞のズボンとともに、服装は赤・青・白のトリコロールでまとめてある（パリ、カルナヴァレ博物館）。

1790年の「ジュルナル・ドゥ・ラ・モード・エ・デュ・グー」誌に掲載された《憲法制定会議風ドレス》（文化女子大学図書館）。

三色でそろえている。

　ところで図のなかで男たちが、半《キュ》ズボン《ロット》ではなく、長ズボン《パンタロン》をはいていることに注意してほしい。貴族の半ズボンに対し、民衆は長ズボンをはいたから、革命を推進した民衆の党派、ジャコバン派はサン・キュロット（半ズボンをはかないという意味）と呼ばれた。

　そしてこの長ズボンの模様が縞柄であることにも気が付くべきである。貴族を断頭台へと送ったロベスピエール（一七五八～九四年）が、鮮明な縞柄のコートを着て描かれているように、縞は革命推進派の求める自由と解放のシンボルであり、これも革命理念の標章であった。前述のように忌まわしい烙印を押されてきた縞柄が、この時期に負のイメージを払拭したのは、一七七六年に独立をはたしたアメリカの影響によるといわれる。三色旗がフランスの国旗として制定されるのは一七九四年だが、「青を左に、白を真ん中、赤を空中に漂う側に縦並びに配列」すると定められたのも、当時の縞柄への嗜好があったからである。紋章の伝統をもったヨーロッパでは、それまでは旗のデザインは紋章にならうのが通例であった。そして、男たちの被る

王党派を次々と断頭台に送った《ロベスピエールの肖像》1792年頃。縞柄のコートを着用しているのは、自由と解放のシンボルとして縞が好まれたからである（パリ、カルナヴァレ博物館）。

15世紀初めに制作された『ベリー公のいとも豪華な時禱書』に収められた《五月の暦図》。三人の女性が緑のドレスを着ているのは、五月祭を祝うためである。背景の緑の森で摘みとった若芽の小枝を頭に飾り、ラッパの楽師に先導されて祝宴の城に戻るところである（シャンティイ、コンデ美術館）。

ボネ・ルージュ（赤帽）は、「赤い帽子を被る」という言い回しが共和主義者という意味で使われたように、共和制の標章である。先端が折れた頭巾のようなこの帽子は、古代ローマ時代に解放奴隷が被ったとされるフリジア帽に由来する。政治の変革期に、衣服とその色は象徴機能を最も発揮する。

非日常性と自然感情

ヨーロッパの人びとは色に禁欲的である。それゆえに色は大きな主張を行いえる。色は日常性を超えて意思を伝えるときの装置であり、非日常性を演出するための装置である。芸人たちが色鮮やかな衣服をまとうのも、紋章の色が凱旋式を彩るのも、また政治変革を求めてシンボル・カラーのもとにひとが結集するのも、色が非日常世界をつくるからである。このように考えるとき、衣服の色になりにくかった緑が、五月祭という祝祭に限ってユニフォームのように着られたというヨーロッパの慣習も頷ける。緑は妖精の色であり、五月祭にこの色が着られるのは祝祭という非日常の世界だからである。中世末期から一六世紀に広まった、この祝祭に緑衣を着る習慣は、ヨーロッパの人びとが衣服の色に自然感情を重ね合わせたまれな例の一つでもある。

五月祭とは、古くヨーロッパ大陸に住んだケルト人の樹木崇拝にさかのぼり、春の訪れる五月一日、森の樹木の精に恩沢を願い、秋の豊穣を願う祭りである。二〇世紀にはメーデーと化すヨーロッパを代表する祭りでもある。

五月祭の緑衣は、ゆえに待ち焦がれた春の到来を喜び、太陽に恵まれた心地よい夏が始まることを祝うためにある。北ヨーロッパという風土のなかで、春に蘇る自然の緑と密接に結び付いた緑は、ゆえに青春あるいは恋の歓びの感情と重ねられ、美しい色のシンボルをつくりだした。森の緑にまぎれるカムフラージュの実利性から夏場の狩猟衣となったことも、夏の森と緑を結び付けるのに貢献しただろう。シンボリックな意味が強すぎたがゆえに、緑は日常的には着られなかったという推測も可能だが、むしろ自然の色でありすぎたがゆえに、この色を身体につけることにためらいがあったのではないか。自然の緑には別の顔があるからである。

1405-10年に制作された狩猟技術の書『狩の書』に収められた挿絵で、全員が緑の服を着用し、獣を捕る罠をつくっている。写本に含まれる多くの挿絵には、馬上の騎士、従う勢子など多くが緑の服で描かれている（フランス国立図書館 Ms.fr.616 f.53v.）。

　自然の色である緑は、人びとに脅威を感じさせる色でもある。ここにヨーロッパ独特の色彩感情がある。美しく恩恵をもたらす森は、しばしば異形のものが生きる異界だからであり、自然と対峙して生きる人びとにとって自然は無気味で脅威を感じさせるものだからである。しかも、春には緑色の木々の葉が、秋には紅葉して赤や黄色に変わってしまうという自然の色の変化も、ヨーロッパの人びとには脅威だった。緑はゆえに移ろい易さや栄枯盛衰を示し、さらに破壊と混乱をもたらすというのがヨーロッパ人のこの色に対するイメージである。

　緑は美しい自然の色であると同時に、恐怖を呼び起こす自然の驚異の色でもある。驚異の色を着るわけにはいかないことはもちろんだが、一方で神の創造になる美しい自然を着ることもまた神への冒瀆《ぼうとく》として恐れられたのかもしれない。ひとが身体につける色は、単なる美醜の判断ではすまない。

5 紋章とドゥヴィーズ

紋章衣

紋章は甲冑で身を包んだ騎士が自らを明示するために生まれ、いわば名刺のような役目を果たす。フランス王の青地に金の百合の花に対し、イングランド王は赤地に金の獅子の紋をもち、両王の対照は衣服によって示されている。フランスのブルターニュ地方を治めたブルターニュ公は、アーミンの毛皮に由来する柄の紋をもつ。イタチ科のこの小動物は、

17世紀にロジェ・ド・ゲニエールによって模写された1371年の『挿絵入り聖書』の挿絵。《シャルル5世に恭順を誓うブルボン公》のほか、各貴族が紋章衣を着ている。ブルボン公の紋は金の百合花の王室の紋に赤いバンドが入る（フランス国立図書館版画室）。

《ブルターニュ公》を示す15世紀末の写本挿絵。白地に黒い斑紋の模様は、アーミンの毛皮に由来する。尾の先だけがわずかに黒い毛皮を接ぎ合わせることにより、このような文様が生まれる（フランス国立図書館 Ms. fr.5054 f.194）。

1380年頃に制作された『フランス年代記』の挿絵で、《フランス王に恭順の誓いをするイングランド王》を描いている。青地に金の百合花のフランスの紋と赤地に獅子のイングランドの紋が対照的である（フランス国立図書館 Ms.fr.2813 f.357v.）。

アングル画《玉座のナポレオン1世》1806年。ローマ帝国を模して自ら皇帝の地位についたナポレオンは、古代ローマのパープル染めに倣い深紅のマントをまとい、そこには彼の紋章の蜜蜂が刺繍されている（パリ、武器博物館）。

冬は白い繊細な毛質で最高級の毛皮とされたが、尾の先が二センチほど黒く、これを付けて接ぎ合わせると独特の模様をつくり、それが図案化されて紋章の柄となった。アーミンの毛皮は、今日なおイギリス王室の儀式用衣裳を飾っているし、先のルイ一四世の王衣にも、ナポレオンの皇帝の衣にも、その裏地にはアーミンの毛皮がみえる。

色が伝える以上に、文様は意味を直截に伝える。先に示したパリの役人の制服に帆舟が描かれていたのは、これがパリ市の紋章にちなみ、したがってパリが河川交易で発展し、それに携わった富裕商人が市の行政を担ったことを示している。一方、フランス王の紋章衣は、封建領主が割拠する封建制度から君主国へと変貌を遂げるなかで、一二世紀末に儀式用として成立している。青地に金の百合の花の紋章の制定はさらにさかのぼると思われるが、聖母崇拝の高まりのなかで、聖母マリアへのとりなしの役を担う国王として、聖母のしるしであった青と百合の花を選択したと推測されている。つまりフランス王家の紋章は、宗教的な敬虔さを示す文様であり、もちろん君主国として発展する際には政治的シンボルとしての役割をはたしたはずである。

くだって一七世紀にフランスが絶対王政の時代を迎えたとき、ルイ一四世の紋章衣はまさに王の絶対権力の表象であった（二〇ページの図を参照）。あるいは、フランス革命を経て、ナポレオンが登場し、一八〇四年、彼が皇帝の地位についたとき、赤地に蜜蜂を散らした紋章をもち、それを衣に示してまとったのは、古代ローマ帝国の皇帝を模したためで、赤色と蜜蜂の選択は古代ローマの文化にちなむ。古代ローマで、貝紫による赤い布が皇帝のシンボルとして機能したことは、先に触れた通りである。文様の成立過程とその表現の展開のなかで、紋章衣は多様なメッセージを発してきた。

ドゥヴィーズの文様

紋章は家系を示す家紋に限らない。フランスでドゥヴィーズ（devise）と称して一四世紀末に起こり、一六世紀にイタリアでインプレーサと呼ばれて流行する個人の紋章がある。実は先に示した王侯のシンボル・カラーもこの種の紋章の一部で、ドゥヴィーズとは色と文様と標語《モットー》からなる個人のシンボル・マークである。その文様には、鹿、虎、孔雀、一角獣、白鳥、熊、雉鳩、羊、馬、燕、豪猪《やまあらし》、ホタテ貝などの動物、エニシダ、シダの葉、バラ、柏、サンザシ、イラクサ、オレンジの木などの植物、鉋《かんな》（rabot）や弩《おおゆみ》などの道具や武器など、さまざまな事物があり、しかも同時に複数の文様を使い分けることもあれば、時間の経過のなかで文様を代えることもあり、ゆえに遊戯的な紋章といわれる。自由に定められる紋章であるから、そこに時々の心情が反映され、政治性を帯びることもあれば、恋愛感情が映されることもある。

紋章合戦として知られているのが、ルイ・ドルレアンの「小枝を落とした枝（bâton écoté）」と、宿敵のブルゴーニュ公フィリップ豪胆公が使った鉋である。オルレアン家とブルゴーニュ家の確執のなか、ルイのこぶ付きの枝が一族の結束の固さを示したのに対し、フィリップが鉋で応酬したのは、その結束を鉋で削り落としてしまうという脅しであり、自らの力の誇示であった。ブルゴーニュ公の鉋は、息子のジャンに受け継

左端のピエール・サルモンと政治談議をする《フランス王シャルル6世》1409年。犬のようにみえる袖の動物は虎であり、彼のドゥヴィーズの一つ。黒いウープランドにはJAMAISという彼のモットーが刺繍され、裏にはアーミンの毛皮が張られている（フランス国立図書館 Ms.fr.23279 f.19）。

がれ、その衣裳には、やはり大工道具である水準器と、ホップの枝葉が、彼のドゥヴィーズとして描かれている（四八ページの図を参照）。ジャンを継いだのが、黒服の流行を牽引したフィリップ善良公だが、彼は火打金（fusil）をドゥヴィーズとし、記録によれば、統治者としての忍耐を示すための選択であったという。

ドゥヴィーズの政治性が最もよく表れるのは、統治者としての決意を示す標語である。シャルル六世の標語JAMAIS（決してしまい）は、「決して過誤なく（Je ne faillerai jamais）」というモットーの一語である。彼の衣裳の袖にしばしば描かれている動物は、犬のようにみえるが、記録によれば虎である。同王はとくに多くのドゥヴィーズをもったことで知られ、孔雀やエニシダで縫い取りをしたという記録は枚挙にいとまがない。孔雀の羽根とエニシダの枝は、写本挿絵にも確かめられる（九ページの図を参照）。

白鳥の文様を散らした衣服の《ベリー公ジャン》を描く1409年制作の写本挿絵（フランス国立図書館Ms.fr.23279 f.4）。

文様の選択はことば遊びによることが少なくない。たとえばルイ・ドルレアンは、ルイという名の音に近いという理由から狼《ルー》（loup）を選んでいる。フィリップ豪胆公は、娘マルグリットのために、名前にちなんでマーガレットの花で飾らせている。ベリー公ジャンのドゥヴィーズは、熊《ウルス》（ours）と白鳥《シーニュ》（cygne）であり、両者を合わせてウルシーヌ（oursine）と読ませ、彼が愛した女性、あるいはイタリアの名門、オルシーニ家を暗示している。熊の選択は、ベリー公の守護聖人がサン・ウルサン（Saint Ursin）であったことも理由である。

心情を伝える文様

個人的な心情が重ねられている場合、その意味を解くことは難しいが、一五世紀の涙滴紋《るいてきもん》については、証言が多くわかりやすい。時々の悲しみがこの文様に重ねられ、中世に豊かな表象世界をつくったばかりか、その後の歴史のなかにも痕跡を残すヨーロッパ独特の文様である。

涙滴紋は、そもそもアーサー王の騎士物語に登場する想像上の紋章だったが、物語が描く騎士の冒険を手本に武芸試合が行われるようになると、ドゥヴィーズとして盛んに使われることになった。しかも叶わぬ恋を嘆く抒情詩が流行すると、涙滴紋は悲しい恋の表象ともなり、二重に文学的意味を担い、文芸を愛好する貴族に愛された。女性に恋心を訴える男性の袖に小さな斑点が見えるのは、男の涙を示そうとする抒情詩の挿絵である（五八ページの図を参照）。

一四四四年、のちのイングランド王ヘンリー六世に嫁いだアンジュー家のマルグリットが、婚礼の道具として携えた壁掛け《デヴォンシャー家の狩猟タピスリー》の一枚には、きれいな涙模様を袖に散らした衣服の人物がいる。肩の付け根の白い塊は雲を示し、涙は雨粒にたとえられている。この人物が誰かは特定できないが、涙模様はたぶんにモード化していた可能性がある。

一四六三年、ブルゴーニュ公フィリップ善良公が姪の婚礼に臨んで、いつもの黒装束に、涙を散らした黒いビロードの帽子を被っていたと伝える年代記の記録は、衣服の模様が訴える情感を示して見事である。作家がこの模様に公の悩みを重ね合わせ、フィリップの心情を思いやっているからである。

一方で、涙紋は花に水をやる道具、ジョウロから散る水滴にたとえられることがあり、これをドゥヴィーズにしたのが、オルレアン家の二人の公妃である。一人は、こぶ付きの枝をもってブルゴーニュ家と渡り合ったルイ・ドルレアン、その妻となったヴァランティーヌ・ヴィスコンティで、両家の確執のなかで、一四〇七年に夫が殺されたのち、夫を失った悲しみをジョウロで表した。はたしてこの模様が衣裳を飾ったかどうかは不明だが、彼らの息子であり、詩人として名を残したシャルル・ドルレアンの迎えた妻、マリー・ド・

デヴォンシャー家の狩猟タピスリーと称される、15世紀の四枚連作のタピスリーの一枚《熊狩り》の部分。美しい滴の模様を散らした衣服の男の姿がある（ロンドン、ヴィクトリア・アンド・アルバート美術館）。

クレーヴは、同じドゥヴィーズを愛し、服飾・装飾品に表したことは記録が証言している（一二一ページの右上図を参照）。涙模様は眼からこぼれる涙となり、少なくとも一七世紀まで生き残る。革製の手袋の装飾布に、大量の涙をこぼす眼の刺繍があるのは、中世末期の涙滴紋がエンブレム・ブックに残され、これを手本に職人が刺繍したからである。もちろん悲しい恋の含意も残されているはずで、手袋には愛の花である三色スミレも刺繍されている。

『クリスティーヌ・ド・ピザン作品集』の15世紀初頭の写本に描かれた《奥方と恋する男》。女性に訴えている男のウープランドの袖に描かれているのは、雲から落ちる雨粒で、苦しい男の胸の内を物語る（大英図書館 Ms.Harl. 4431 f.376）。

ヘンリー・ピーチャム『ブリタニアのミネルヴァ』ロンドン、1612年、142ページ。エンブレム・ブックの一冊で、このような著作が刺繍のパターンブックとして使われた。

《ヴァランティーヌ・ヴィスコンティのドゥヴィーズ》であるジョウロ。イタリア最強のヴィスコンティ家からフランス王シャルル6世の弟ルイに嫁いだヴァランティーヌは、夫の死から自らの死を迎えるまでの1年間、悲嘆を示してジョウロを紋章とした。クロード・パラダン『英雄的ドゥヴィーズ集』（リヨン、1557年、91ページ）に掲載されて今日に伝わった。

16世紀末または17世紀初頭の手袋。刺繍と真珠の縫い取りが傷み、わかりにくいが、大量の涙を流す眼は鮮明に残る。眼の下には愛の花である三色スミレが、傍らの装飾布には愛の鳥であるオウムが描かれ、愛の表象が満載である（ニューヨーク、メトロポリタン美術館）。

第三章　異国趣味とレトロ趣味

1　東洋趣味

織物と博物誌

異質の文化の接触によって新しい文化が生まれるように、多様な文化の交わるところに新しいファッションは生まれる。ヨーロッパ服飾も常に異国の風俗を受容することによって展開してきたが、その影響の中心にあったのは東洋《オリエント》である。オリエントということばで示される地域は、トルコやエジプト、インドや東南アジア、また中国や日本であり、それぞれの時代の経済と文化の交流のありかたによって広範にわたる。また地域間の混同もあり、必ずしも東方産ではないものがオリエントの文物として受容されることもあるが、このような誤解こそヨーロッパ人が東方世界にいつも魅力を感じてきた証しである。

オリエントへの関心が最初に目立って現れるのは、アラビアからの知の流入など、文化的・経済的交流が活発となった一二世紀である。東方からもたらされるもののなかでヨーロッパ人の関心をとくに引いたのは、西洋よりはるかに先進の技術と伝統を誇った絹織物であった。

十字軍の遠征は東方への関心を引き起こした最大の要因だが、貝紫というパープル染の工房の占有が十字軍遠征の理由の一つであったと推測する向きもある。一二世紀のヨーロッパには東方に産するものではない文物、たとえばアフリカからきたと思われる象牙、北海からくるセイウチの牙や一角の角、北国のケワタガモの羽毛など、少なからぬ生活素材が渡ってきているが、珍しいものはすべてオリエント渡来として受容されている。それらの多くはエジプトの商港アレクサンドリアを経てヨーロッパに入ったのだろう、文学はこの商港の名を冠して東方の文物に対する好奇心や感嘆の気持ちを示している。

文学からの証言で注目されるのは、異国の文物への賛嘆が博物誌の観点で示されていることである。つまり織物の素材や文様が博物学的興味で捉えられている。たとえば動物の模様の織り出された織物は、あたかも動物図鑑のように人びとの好奇心に訴えている。織物は世界の動物に関する知識を提供し、それは『動物誌』と称されて流布した当時の博物誌と呼応し、動物文様をさらに展開させ

1491–97年にミラノで制作された祭壇用の刺繡布。花模様などは、16世紀後半から17世紀初期の修復でつけ加えられた（ミラノ、ポルディ・ペッツォーリ美術館）。

14世紀のイタリア、ルッカで生産された《ペリカンと豹の模様の絹織物》で、斑点をもった豹が向かい合わせに、その下に胸を突き、ひなに血を注ぎかけるペリカンの柄が織り出されている（ドイツ、シュトラールズント美術館）。

クルムバッハ画《カジミール・フォン・ブランデンブルク辺境伯》1511年。胸にペリカンの模様が刺繡されているほか、星や月などが表され、独特の雰囲気の衣服である。それぞれの柄がなんらかの意味をもっているはずである（ミュンヘン、アルテ・ピナコテーク）。

ることになった。たとえばペリカンが自らの胸を突いて、その血をひな鳥に注ぎかけている図柄は、動物誌で馴染みの話を図解したものである。ペリカンはナイル川に生息し、ひな鳥の悪戯に怒った母鳥が羽で叩いて殺してしまうが、自らの血を注ぐとひなは三日後に息を吹き返す。ここには十字架にかけられたイエスが三日後に蘇るとする聖書に重ねたキリスト教的な解釈が付随するという中世らしさがあるが、胸を突く仕草はペリカンの習性で、必ずしもすべてが荒唐無稽なのではない。『動物誌』

は古代からの伝統をもった、当時の精一杯の生物学の書である。ペリカンの模様は慈愛のシンボルとして、その後もしばしば装飾にみられる。

インドの綿布と部屋着

染織品を通した文化接触が大きな意味をもつようになるのは、大航海の時代を経て、東西の貿易が本格的に始まる一七～一八世紀である。ヨーロッパに渡った東洋産の大量の織物は、西洋人のファッションを根底から変えるほどの影響を及ぼすばかりか、政治・経済に大きな影響を与えることとなった。すなわち、一六〇〇年にイギリス東インド会社が、一六〇二年にオランダ東インド会社が設立され、これらを通して持ち込まれた綿布は、重厚なヨーロッパ服飾を軽快なファッションへと変化させたばかりか、やがて産業革命を引き起こす起動力となる。軽く、手触りがよく、保温性にも優れた綿布は、安価に輸入できたために爆発的な人気を呼んだ。綿布の人気はヨーロッパの織物産業を活性化させ、一七三三年のジョン・ケイによる飛び杼《ひ》（横糸を巻いた管を入れる舟型の箱）の発明によって生産が高速化すると、ここからイギリスの産業革命が始まる。一八世紀にイギリスで生産が可能となったこの綿布は、英語でキャラコ（calico）と呼ぶ。前世紀に大量に輸入されたとき、インドのカリカットから輸出されたため、この町の名がなまって生まれたとも言われる。キャラコは、綿布で仕立てた女性用の上着を指すようにもなり、フランスでもカラコ（caraco）と呼ばれて流行している。

一方、英語のチンツ（chintz）、あるいはフランス語のアンディエンヌ（indienne）は、インド製の文様染めの綿布、すなわちインド更紗を指し、こちらも大流行した。フランス語のアンディエンヌは文字通りインドの（布）という意味であるが、チンツは斑点を意味する西北インドのことばに由来し、小花の散らし模様というインド更紗の特徴を示している。なお更紗という日本語は、アジアで生産されたいっさいの文様染めの木綿地を指し、インド東南海岸で生産されたサラーサと呼ばれる高品質の文様染め綿布の名に由来するとされる。

インド更紗の魅力は小花の文様染めにあり、これがヨーロッパに捺染《なっせん》（布地に型紙をあて模様を染め付ける方法）布の製造を促し、インド更紗の模造品生産は一八世紀に隆盛をきわめた。フランスでは国内の絹・毛織物産業の保護のためにインド更紗の輸入が禁止されたのち、一七四〇年代にマルセイユやミュールーズで捺染工場が創設され、一七六〇年にはヴェルサイユ近郊のジュイ・アン・ジョザスでオーベルカンプが捺染布の製造を始め、ジュイ更紗という名で流行した。一方イギリスでの模造品生産を端的に示すのがペイズリーという語である。インド更紗に独特の文様を指すこのことばは、実はインド更紗を真似た模造チンツを産したイギリスの地名にちなむ。

ところで一七世紀のフランスにはもう一つ別の綿布がある。フランスが東インド会社を設立したのは一六六四年である。その船が初めてシャム王国のアユタヤに到着したのが一

ヨハネス・フェルメール画《天文学者》1668年。モデルはフェルメールと同じデルフトに住んだ科学者のアントニ・ファン・レーウェンフックと推測されている。綿入れのきもののようにみえる部屋着は、ヤポンセ・ロッケンであろう（ルーヴル美術館）。

《シャムワズの部屋着を着た女性》1688年。1680年のシャム王国大使のフランス訪問によって流行した更紗の部屋着である。ただしフランスで生産された模造品の可能性もある（文化女子大学図書館『17世紀フランスの衣裳集』P.180）。

六八〇年、そして一六八六年にシャム王国から派遣された大使一行がルイ一四世の宮廷を訪れ、このとき現れたことばがシャムワズ（siamoise）である。この頃のモード版画にはシャムワズの部屋着《デザビエ》と説明された女性の姿が少なからずある。それらは縞文様を特徴とし、おそらく小花などの模様を細い縞で囲んだ更紗の模様を示しているのだろう。シャムワズもまた模造品が製造されるようになり、一八世紀にはノルマンディ地方で生産された麻と綿の混紡の縞の布をシャムワズと呼んだ。

綿布が人気を呼んだのは、保温性と洗濯のできる実用性を備えているためであり、ゆえに部屋着として流行した。記録によればシャムワズはもっぱら女性用部屋着を指すが、一七世紀のアンディエンヌは男性の部屋着を指すことが多い。英語では、男性用の部屋着をインド商人という意味のバニヤン（banyan）ということばで示す。オランダでは「ヤポンセ・ロッケン」、すなわち日本の部屋着と称して、日本製もしくはインドで生産された模造品が享受された。

本来は、長崎のオランダ東インド会社の商館長が江戸参府に携えた献上品に対する返礼として拝領した、真綿入りの絹のきもので、拝領した数は一六九二年に一二三着にのぼる。これらがオランダへ持ち帰られ、需要に応えてインドでヨーロッパ向けに模造品が生産されたのだという。部屋着には書斎で沈思黙考する哲学者のイメージが重ねられたらしく、一八世紀の啓蒙時代を代表する自由思想の哲学者は部屋着に愛着を示している。「ギャルリー・デ・モード」誌が伝える男性の部屋着は、トワル・パント (toile peinte) と説明されている。このことばは捺染布という意味で、アンディエンヌとしばしば同義で使われ、パゴダ袖とともに東洋趣味を示している。

88
Dessiné par le Clere.
Gravé par Patas.
Robe de Chambre à manche en Pagode, de Toille peinte, doublé de Taffetas. Colle de la Chemise large, rabatu par dessus la Cravate.
A Paris chés Esnauts et Rapilly rue St. Jacques à la Ville de Coutances. A.P.D.R.

「ギャルリー・デ・モード」誌が伝える《パゴダ袖付きトワル・パントの部屋着》である。トワル・パントとは模様のある綿布という意味で、本来は東洋産の更紗を指し、やがてフランスで模造された捺染布を指した。パゴダは東洋の仏塔を指し、それに似たかたちの袖を指し、東洋趣味を代表するファッションである（リヨン市立図書館 Rés, 24992, t. 2, pl. 185）。

インド更紗とトルコ趣味《テュルクリー》

ところで東方からの輸入品であっても、インド更紗が必ずしもインド産ではないことが、最新の研究でわかっている。インド更紗がヨーロッパに向けて送られる過程で、それに関わった中東の商人の介在によってトルコやペルシャに技法が伝来し、模造品がつくられていたという。

一八世紀半ば、フランス南部のアルルの町に暮らした女性の服飾を細密に描いたのが、アントワーヌ・ラスパルである。お針子の工房を描いた作品には、女性たちがインド更紗を身につけている様子がよくわかる。また資産家の出身で、パン職人に嫁いだクラレなる女性の財産目録が残されているが、そこにはアンディエンヌ仕立てのエプロンが五〇枚も記されており、ラスパルの作品と合わせてみれば、これがいかに流行したかがわかる。財産目録には更紗を示すさまざまな単語が並び、それらの多くが具体的になにを示しているのかは未だ解明されていないが、記載の多いシャファルカニ (chafarcani) が、北西インド産の更紗「ジャフラカニ」にちなみ、トルコの商工業都市ディヤルバクルで製造された製品であることが、深沢克己氏によって明らかにされている。つまりアンディエンヌと記されていても必ずしもインド産の更紗だったのではなく、その技術の伝播によって東部地中海沿岸《レヴァント》で製造された更紗のこともあった。これらの製品をもっぱら扱ったのが、マルセイユの商人であったというから、ラスパルの描くアルルの女性はこれを入手しやすかったのだろう。

　ルイ一五世の宮廷で啓蒙思想家らと親交を結び、文学・芸術の振興に貢献したポンパドゥール夫人（一七二一〜六四年）も、東洋趣味の痕跡を残している。可憐な花模様の衣裳は、中国絹あるいはインド綿のトワル・パントである。夫人の購入記録には、当時、輸入が禁じられていたアンディエンヌの記載もある。そして記録では東方産の更紗がペルシャ（perse）と呼ばれることがあり、夫人にあっては更紗がトルコ趣味として享受されたようにみえる。夫人は、ベルヴュー城館の自らの寝室を「トルコ風の部屋」と称し、自らトルコ《スルタ》皇帝妃《ンヌ》に扮して芝居を演じた際には、記録に記載のある「ペルシャのヴェスト」を着用したと推測されている。トルコ趣味《テュルクリー》は、一七〇四年の『千夜一夜物語』のフランス語訳の刊行や一七二〇年のトルコ大使の着任がきっかけとなって広がった。一七四五年の王太子結婚祝賀仮装舞踏会には

アトワーヌ・ラスパル画《アルルの女性》1779年。胸の上で交わるように首に巻かれているスカーフが、東方から輸入された更紗であろう（エックス、グラネ美術館）。

アントワーヌ・ラスパル画《アルルのお針子の工房》部分、1760年頃。女性たちが頭や首に巻いているスカーフが、アンディエンヌ、あるいはシャファルカニと呼ばれた更紗であろう（アルル、レアテュ美術館）。

「ギャルリー・デ・モード」誌が伝える《コメディ・フランセーズ座のスルタンヌ風舞台衣裳》(文化女子大学図書館)。

フランソワ=ユベール・ドルーエ画《ポンパドゥール夫人》1763年頃。花模様がみえるが、中国絹もしくはインド綿のトワル・パントである(フランス、オルレアン美術館)。

トルコ風衣裳が登場し、トルコのスルタンをテーマとした芝居が上演され、人気を博す。ポンパドゥール夫人がスルタンヌに扮したのは、このような流行にしたがったためで、やがて一七七〇年代には、マリー・アントワネットがトルコ風居室をつくることになる。

日本趣味《ジャポネズリー》と日本主義《ジャポニスム》

一八世紀の東洋趣味にはさらに中国趣味《シノワズリー》という現象がある。中国的な模様の織物が生産され、中国の磁器や塗り物に交じって日本の陶器も渡ったが、すべてが中国趣味として享受された。ヨーロッパが初めて日本に注目するのは一九世紀後半、一八六七年のパリ万国博覧会への出展がきっかけである。日本茶屋の娘のきもの姿の美しさにヨーロッパ人は賛嘆を示している。日本が開国し、洋装の導入を始める頃、一方のヨーロッパは日本のきものに注目し、日本趣味《ジャポネズリー》を広げていった。当初は、少なからずヨーロッパにもたらされた江戸の武家夫人の小袖が、そのまま部屋着として使われ、あるいはヨーロッパ風のドレスに仕立て直されて使われることもあった。

kimonoということばのフランス語における初見は、一八七六年である。やがて世紀末から二〇世紀初頭にかけて、菊や秋草といった日本的なモチーフが、リヨンの絹織物に再現され、抜衣紋やお引きずり、袂《たもと》や打ち合わせなど、きもの独特の着装や装飾を真似た衣裳がつくられることになる。一九〇〇年、川上音二郎一座のパリ公演の際には、音二郎の妻であり、もと芸者の貞奴のきもの姿が好評で、「サダヤッコ」なるドレスが販売されている。「フェミナ」誌には、今日のオペラ座の近く、ラ・ペ通り八番地とキャプシーヌ大通り三五番地に二店舗あったらしい「オ・ミカド」で売られているその広告がある。モデルの傍らに添えられた値段表によれば、布地の種類と裏地の有無によって種類があるばかりか、裏地無しの喪服も準備されている。裏地無しのもっともシンプルなものが一二フラン、「ながさき」という最高級の絹布で仕立てると六五フランとある。

「フェミナ」誌（1905年5月1日号）が伝える《チュニスの日本祭》。チュニスを首都とするチュニジアは1881年からフランスの保護国であった。日本人の扮装を楽しむフランスの要人たちである。同誌1907年11月1日号は「マダム・サダ．ヤッコがパリにいる!!!」と題して、芝居の修行のためにオートゥイユの邸宅に住むサダ・ヤッコを訪ねる記事を掲載、彼女のきもの姿とともに日本の習俗を紹介している。

アルフレッド・ステヴァンス画《ラ・パリジェンヌ・ジャポネーズ》1872年。花柄のようにみえる青地のきものを下着の上に羽織り、しどけなく帯を締めている。右手には団扇をもつ日本趣味のパリの女性（ベルギー、リエージュ近現代美術館）。

　そして日本趣味は、模倣や模造にとどまらず、ヨーロッパ服飾の構造をも変えていく。ヨーロッパの衣服構成とは根源的に異なるきものの平面構成が、立体構成を特徴とするヨーロッパの服飾を変えることになるのである。一九一〇年代にポール・ポワレがさや型のシンプルなデザインの衣裳をつくり、今日ではここに現代モードの出発をみるのが服飾史の定説だが、この二〇世紀のモダン・スタイルの成立に日本服飾の影響があったといってよい。趣味のレヴェルから服飾の構造さえ変化させる日本主義《ジャポニスム》まで、モードにおける以上の経緯を初めて体系的に示したのは、深井晃子氏を中心とする京都服飾文化研究財団が企画した一九九四・九六年の二回にわたる展覧会である。日本人のデザイナーがヨーロッパで活動し、その作品が世界のデザイナーに少なくない影響を与えている今日だが、このようなファッションのグローバリゼーションの出発点としてジャポニスムがある。わたしたちは近代化とともに洋服を取り入れてきた経緯から、洋服と和服を対立させて捉えがちだが、女性モードを二項対立で捉えるべきではない。女性服飾は、世界規模の影響を受けて今日にいたり、日本のきものの特徴をも充分に消化している。

『フィガロ・モード』誌（1905年7月15日号）が伝える《バババーニのローブ・ジャポネーズ》。きもののようにみえるが、上下衣を組み合わせた、きもの風ドレス（文化女子大学図書館）。

2 外国かぶれ

受容と葛藤

　ヨーロッパの文化圏は、宮廷間の婚姻によって共有された服飾文化をもっているが、それぞれの地域に固有のファッションがあることももちろんである。遠い異国のモードが経済活動と大きく関わったのに対し、ヨーロッパ近隣のモードの受容は政治的な葛藤をともなうことがある。マリー・アントワネット（一七五五〜九三年）がハプスブルク家からブルボン王家に嫁いだとき、オーストリアからフランスに入る国境で、服装のいっさいを取り替えたという、シュテファン・ツヴァイクも語るエピソードは有名である。どのような服装をするかは、着るひとの意思と思想の明示であるから、フランス王妃ともなるマリー・アントワネットの服装はフランス風であらねばならず、お国柄ではすまされないモードの政治性がある。

　古くカール大帝が古代ローマ風の服飾を拒否して、土着のゲルマン人の服装を好んだことも同様であろう。一〇〇二年に、ロベール敬虔《けいけん》公がアルル出身のコンスタンスを娶《めと》り、多くの供を連れたコンスタンスの輿入れは、南フランスのモードを北フラ

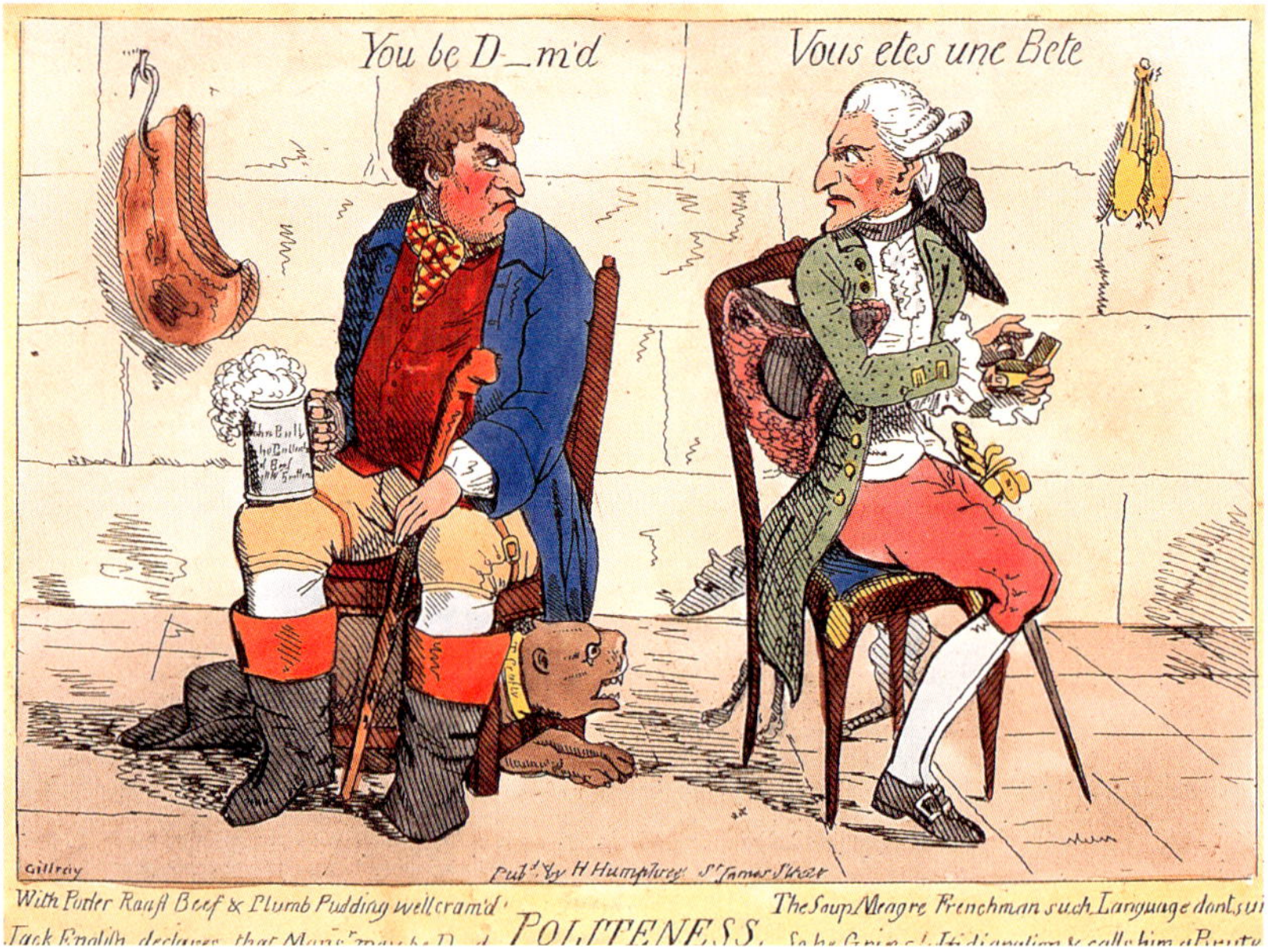

ジェームズ・ギルレイ画《フランスの洒落者と英国人ジョン・ブル》1779年頃。背景に描かれているように右のフランス人はカエルを食べ、一方のイギリス人は牛肉を食べ、黒ビールを飲む。フランス人の髪粉をつけたかつらは、マカロニの風俗を思わせる（大英博物館）。

ンスにもたらす契機となったことを伝える記録がある。記録者はそこで、南フランスの「贅沢で軽薄な」風俗が広がることが、「気高い国」を汚すと危惧している。一一世紀末に男性の衣服の丈が長くなるという流行があったとき、教会人はこれを激しく非難している。「裾を引くほど」長い衣服は「女のようである」とたしなめ、風俗の変化に社会騒乱という危機さえも人びとは感じていた。政治性を帯びないまでも、異質の服装は警戒の対象であった。

　ヨーロッパの国々の服飾の相違が明確に意識されるようになるのは、一六世紀を迎えて国家意識が明確にされたときである。イタリアのカスティリオーネの作法書『宮廷人』は、「イタリア風」「ドイツ風」「フランス風」「トルコ風」を挙げ、フランスのラブレーの作品『ガルガンチュア物語』は、女性の髪型について、「フランス風」「トスカーナ風」「スペイン風」をかぞえている。いずれも異国のモードへの警戒と表裏一体をなす自国のモードへの愛国的な評価を示しているが、その背景には実は異質のファッションへの強い関心が人びとのあいだにはあった。

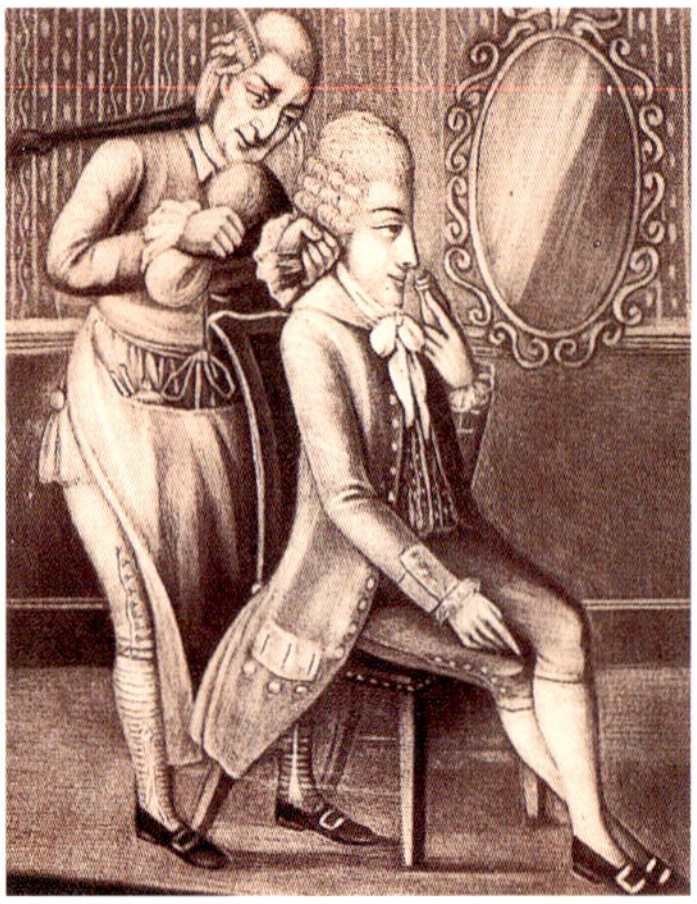
《マカロニ》を諷刺した戯画。大仰なかつらが、フランスかぶれの特徴であることを示している。

イギリスにおける外国かぶれ＝マカロニ

ヨーロッパ近隣の国々に相互の影響が目立ち、いわゆる外国かぶれの現象が話題になるのは一八世紀後半である。イギリスでは、貴族の子弟が教育の総仕上げとして、フランスからイタリアまでを旅行する大陸《グランド・》旅行《ツアー》が前世紀から慣習となっていた。イタリアの文化遺産を学び、フランス人の洗練された嗜みを身に付け、国際的な教養人となるための旅行であり、旅行から戻った若者たちが、一七六四年頃にマカロニ・クラブをつくった。ここから生まれたのがマカロニと称された風俗である。

活動の詳細は明らかにされていないが、ビーフステーキ・クラブに対抗した名称で、イタリア料理を好み、旅行で身に付けたフランス風をひけらかしたらしい。彼らは、装飾過多のフランス貴族の服装をさらに誇張した装いで、イギリスに擡頭した富裕町人や地方の田舎紳士との差異化をはかった。しかしその扮装は、フランスの政治政策に与する反愛国主義者、そして軟弱な放蕩もののイメージに重ねられた。

マカロニと蔑称された彼らはイギリス自由派の人びとの反発を買い、そのファッションは一七七〇年代にカリカチュアの恰好の対象となった。長い髪を後ろでたたんでリボンで巻き、そのリボンを首に回して結び付ける、カトガンと呼ばれた髪型や、大仰なレースの襟飾りは、簡素化の始まったイギリス人の服装とは相容れなかった。彼らが手本としたのは、フランスでプチ・メートル（petit maître）と呼ばれた若者たちである。彼らの服装は、「昼は毛虫で、夜は蝶」と語られたが、それは夜間の盛装には華やかなアビ・ア・ラ・フランセーズ（habit à la française）、すなわちフランス風衣裳を着こなし、昼間は、次に述べるような簡素なイギリス風の服装をしたからである。

Pl
Watteau fil. del.
Le Beau sc.
Jeune Dame rêvant au doux mistere: elle est vêtue d'une jolie
redingotte à boutons d'acier et un chapeau à la Contat.

「ギャルリー・デ・モード」誌が伝える《鋼鉄製ボタン付きの素敵なルダンゴト》1787年。女性にもルダンゴトというイギリス風ファッションが生まれた。大きなボタンは鋼鉄製で、これもイギリス趣味である（文化女子大学図書館）。

フランスにおけるイギリス趣味＝アングロマニー

フランスにはイギリスかぶれが現れたが、こちらは風俗上の現象にとどまらず、いっそう政治的な意味を帯びた。イギリス風の服装はイギリスの自由思想への共感を示し、結局フランス革命を準備したともいえるからである。これを機会にフランスの男子服はイギリスに倣うことになり、イギリスは今日にいたる紳士服の伝統を担うことになる。この現象は一七六〇年代からアングロマニー(anglomanie)、すなわち「イギリス心酔」ということばで、極端なイギリス・モードに対する批判によって始まり、一七七〇～八〇年代には服装にとどまらず、飲食、スポーツ、ギャンブル、造園にいたるまで、イギリス風が流行するようになった。

この現象を体系的に述べた西浦麻美子氏によれば、フランス一のイギリスかぶれとして知られたのは、革命に際して市民に加担し、フィリップ・エガリテ(平等)と名乗ったシャルトル公(一七四七～九三年)とその取り巻きの若者であるという。イギリスの自由思想を支持した彼は、イギリスの習慣を愛し、イギリス馬を乗り回し、娘の英語教育のためにイギリス人の少女を迎え、彼女をサミュエル・リチャードソンの小説にちなみパミラと名付け、そしてパリにイギリス式のモンソー公園をつくらせた。若い彼と仲間の行動は、反抗的で放蕩に満ちたものとして受け取られ、ゆえに彼らのイギリス・モードは、ヴェルサイユの国王宮廷に対抗する反抗的な服装と映っていた。

シャルトル公らが好んだのは、イギリスから入ったルダンゴト(redingote)である。ルダンゴトは、英語の乗馬服を意味する riding coat がフランス語化したことばであるから、乗馬の流行とともにイギリス服が日常服となった経緯がよくわかる。これらは、黒や茶のウール製の地味な色合いの日常着であり、華やかな色彩と刺繡飾りの付いたフランス服飾とは対照的であった。あたかも労働者階級のようなイギリス風の服装は、身分を隠し、お忍びで街を歩き回れる自由を確保するために恰好であり、公らがこれらを好んだのはそのためである。「ギャルリー・デ・モード」誌が伝えるルダンゴトには、大きな鋼鉄製のボタンの付いたものが少なからず描かれているが、いち早く産業革命を成し遂げたイギリスらしい最新のものとして鋼が好まれたのであろう。ルダンゴトは、一九世紀に

Pl. 256
Watteau fil. del.
Le Beau sculp.
Petit maître au Palais Roial en frac du matin garni de boutons en acier raiés en lozange,
culotte de peau et bottes du matin : il est coeffé d'un chapeau Anglais à haute forme
《鋼製ボタン付きのフラックとイギリス帽をつけたプチ・メートル》1787年。1780年代のフランスでは、お洒落な男はプチ・メートルと呼ばれ、イギリスでマカロニと称された若者の手本となった(文化女子大学図書館)。

入るとフロックコートとして、昼間の略装を代表する衣服となる。

「ギャルリー・デ・モード」誌にみる異国趣味

イギリス・モードは女性服にももちろん見られる。その代表は文字通り「イギリス風ドレス《ローブ・ア・ラングレーズ》」と呼ばれる、筒袖を特徴とする簡素なつくりの服である。「ギャルリー・デ・モード」誌（一七七八〜八七年）はさまざまなイギリス風を伝えているが、「イギリス風バックル付きのリボンを巻いた帽子」とあるのは、バックルがやはり鋼鉄製なのだろう。「マールバラ風ドレス」とあるのは、スペイン継承戦争でその名を不滅のものとしたイギリスの軍人、ジョン・チャーチル・マールバラにちなむ。一七七〇年のスペイン王家の断絶によって始まった混乱のなかで、王位を主張したフランスはマールバラ公率いるイギリスに大敗した。伝説となったマールバラ公の活躍は、童謡「マールバラの歌」となり、一七八〇年代にフランス宮廷で流行すると、マリー・アントワネットも子守唄として口ずさんだという歌である。

ただし女性モードにおけるイギリス趣味は、多くの異国趣味の一つにすぎず、各種の異国風が同居する場合も多い。つまり遊戯的な一過性のファッションであり、時代の様式として定着することはなかった。「ポーランド風ドレス」、「トルコ風ドレス」、「コーカサス風ドレス」など、さまざまな地名とともに説明されるモードには、世界への好奇心が示され、まもなく迎える革命を予兆しているようにみえる。

「ギャルリー・デ・モード」誌が伝える《マールバラ風ドレスにシャルロット風帽子》の女性。帽子の名前のシャルロットは、おそらく1761年にイギリスのジョージ3世妃となったシャルロット・ソフィアに由来するが、帽子のかたちが何に由来するかは不明。ちなみにスポンジやパン生地にフルーツを乗せて焼き上げたシャルロットというケーキは、これにかたちがよく似ているように、ここにルーツがある（R.-A. Weigert, *Galerie des modes* より）。

3 古代ギリシア調の復古

古代ギリシア、ローマ文明への憧憬と簡素化への志向

過去の服飾に想を得ることは異国趣味と同じようにファッションを豊かにしてきた。ファッションは繰り返すといわれるのは、このような事情によるのだろう。古代に想を求めた服飾は繰り返し現れているが、その内容は時代によって異なる。古代ギリシア調ファッションは、常に簡素化という傾向とともに現れる現象だが、その簡素化は一八世紀には産業化によるブルジョアジーの倫理に合致し、また古典主義の芸術思潮に由来する古代回帰であったのに対し、二〇世紀初めには造形のモダニズムに合致したがゆえに、これに回帰した。古代調を求める時代思潮はそれぞれ異なり、デザイナーの個性が認められるようになる一九世紀末以降は、デザイン・コンセプトによる差異でもある。

本書の冒頭で述べたように、古代地中海文明の服飾は、ゲルマン民族の服飾とは対立する概念のもとにつくられている。そのような古代文明の服飾にヨーロッパの服飾が常に立ち返るのは、ヨーロッパの人びとにとって、古代ギリシア、ローマ文明が彼らの思想のルーツだからである。古代文明への憧憬がそのファッションの流行を促すことは、一八世紀末から一九世紀初めの、いわゆるシュミーズ・ドレスに代表される帝政様式《スティル・アンピール》に顕著であった。ただし、この時代の古代調にはそればかりか、イギリスの自由思想を汲んで起こった産業化、それにともなうブルジョアジーの倫理に基づく快適さの追求と簡素化、あるいは田園趣味による自然回帰、もちろん綿布やウール・モスリンという軽快な素材の普及など、さまざまな要因がある。

「レディズ・マンスリー・ミュージアム」誌（1813年12月号）が掲載するシュミーズ・ドレスの《12月のロンドン・ファッション》。

王妃マリー・アントワネットと画家ヴィジェ＝ルブラン

帝政様式とはナポレオン帝政時代の工芸の様式を広く指すことばであるが、服飾ではこの時代を特徴付けるシュミーズ・ドレスにこの名が与えられている。パニエで大きく膨らませた絢爛豪華なローブ・ア・ラ・フランセーズが革命前のマリー・アントワネットの宮廷服を代表するとするなら、革命の動乱後を継いだナポレオン帝政を象徴するのが簡素なシュミーズ・ドレスである。この急激なファッションの変化の理由をフランス革命に帰することは、今日の服飾史では否定されている。もちろん革命を挟んだ変化は確かな事実であるが、政情の変動が服飾様式を変えたというより、政治的革新の思想が同時にファッションの革新をも支えていると理解する方がよいからである。その証拠に、シュミーズ・ドレスはマリー・アントワネットによってすでに試されており、古代調ファッションを支える古代文明への憧憬は、イタリアで古代ローマ遺跡ヘルクラネウムの発掘が始まった一七三八年までさかのぼる。

古代礼讃のブームのなかで古代調ファッションを好み、シュミーズ・ドレスを着たマリー・アントワネットを描いたのは、女流画家として初めてアカデミー会員ともなったエリザベート・ヴィジェ＝ルブラン（一七五五～一八四二年）である。彼女は自らの肖像画も徹底してシュミーズ・ドレスで描き、革命勃発の前年、一七八八年には「ギリシア風夜食会」なるものを開催した古代好みであった。一七七九年から王妃の肖像画を描くようになったヴィジェ＝ルブラ

エリザベート・ヴィジェ＝ルブラン画《自画像》1782年頃。彼女の自画像はいずれもシュミーズ・ドレスで描かれている（アメリカ、キンベル・アート・ミュージアム）。

エリザベート・ヴィジェ＝ルブラン画《シュミーズ・ドレスのマリー・アントワネット》1783年。パニエにより大きく膨らませたドレスから、シンプルなシュミーズ・ドレスへ移行したのは、革命という政治が影響したのではない。革命前にすでに王妃がこのようなシュミーズ・ドレスを着ている（ワシントン・ナショナルギャラリー）。

ンは、友人や大使に贈る彼女の肖像を、パニエをつけた宮廷の盛装で描きたくはなかったと自らの回想録で述べている。羽根飾りの付いた麦わら帽を被り、白いモスリンのドレスを着た王妃の肖像画は、一七八三年の制作と推測されているが、この作品が官展《サロン》に出品されると、王妃を非難する恰好の材料とばかり、妃は下《シュ》着《ミーズ》姿で描かせたと激しい中傷が起こった。しかし、下着のような装いは、まもなく「王妃風シュミーズ」という名で流行することになる。やがて主流となる古代調ファッションの萌芽は、ヴィジェ＝ルブランに促されたマリー・アントワネットにあったということになる。

「ギャルリー・デ・モード」誌が伝える《王妃風シュミーズ》1787年（文化女子大学図書館）。

帝政様式とブルジョア倫理

服飾の帝政様式を推進したのは古典古代への憧憬ばかりではない。一八世紀には、イギリスのバーナード・マンデヴィルやフランスのヴォルテールを巻き込んだ贅沢論争があったように、市民の消費による経済成長を肯定した時代であり、ブルジョア倫理によって密やかな贅沢が求められ、それが生活の快適性において実現されることになった。ここに簡素なシュミーズ・ドレスの合理性が合致したのであり、洗濯のきく更紗や綿布が好まれ、部屋着が流行したのも同様の理由による。このような社会の変化を産業革命とともにいち早く成し遂げたイギリスは、自然回帰による田園趣味を起こした。マリー・アントワネットがプチ・トリアノン宮にイギリス風の自然庭園をつくり、茅葺き屋根の田舎家《アモー》を建て、羊飼い女になり、乳搾りを楽しんだのも、このようなアングロマニーの一つであり、ここにも簡素が好まれる背景があった。「牛乳屋の女風」の被り物がファッション・プレートに現れるのは、このような田園趣味による。

現代服飾の萌芽と古代ギリシア服

一世紀後の二〇世紀初頭、古代ギリシア調はふたたび顕著になる。古代服飾に魅せられたのは、ヴェネツィアで活躍したスペイン出身のマリアノ・フォルチュニィ（一八七一〜一九四九年）である。彼が「デルフォス」と名付けたプリーツ・ドレスは一九一〇年代から二〇年代にかけておびただしい数で製作されたが、名が示すようにデルフォイで発見された古代ギリシアの彫像《デルフォイの馭《ぎょ》者《しゃ》》にちなむものだった。そのシンプルで優雅なシルエットは、張り出した胸と細くくびれた腰の対照を特徴とした一九世紀末の女性ファッションからの大きな転換を示しており、ポール・ポワレとともに現代服飾の原点をつくった。身体をコルセットで補正することなく、身体を自然に覆う現代服飾のコンセプトの出現である。一方のポワレは一九〇六年に、ギリシアの衣服を思わせるデザインを提案している。ポワレやフォルチュニィは、伝統的な女性ファッションの最後の輝きであるS字カーブから、第一次世界大戦後に合理化されたシャネル・スーツへの橋渡しの役をはたしている。

もちろんポワレやフォルチュニィにヒントを与えたのは古代文明ばかりではない。フォルチュニィはルネサンス期の織物や、東洋との交易の入り口にあったヴェネツィアの異国情緒に関心があったし、ポワレは日本のきものやロシア・バレエ団の原色の舞台衣裳への関心があった。とはいえ、現代ファッションの形成に古代服飾が一つの源泉として現れたのもまた事実である。それは、簡素の美がふたたび時代の美意識に合致したためであるが、その後の二〇世紀服飾がひたすら簡素化をたどったことを視野に入れれば、ここでの簡素化はさらに根源的である。つまり造形のモダニズムというべきこの世紀の造形美に適合したからである。

古代調が時代の様式を決めるほどに大きな影響をもったのは、一八世紀末から一九世紀初頭の時期と二〇世紀初頭の二つの時代であるが、その後、マダム・グレやジャン・デッセなど、古代ギリシアの服飾に取材した作品を手掛けるデザイナーが登場している。

フォルチュニィの《デルフォス》を着たナターシャ・ランボヴァ。1924年、ジェームズ・アベ撮影。ナターシャ・ランボヴァ（1897-1966年）は、サイレント時代のハリウッド映画の衣裳デザイナーや美術監督を務め、写真の頃は20代後半、俳優ルドルフ・ヴァレンティノの妻であった。

バクスト画《ギリシャ風ドレス》「ジュルナル・デ・ダーム・エ・デ・モード」誌（1913年4月20日号）。世紀末から活躍しているデザイナー、マダム・パカンにより制作された。

4 中世趣味

時代衣裳とナショナリズム

ヨーロッパのレトロ趣味が求めるのは古代文明ばかりではない。フォルチュニィが再現しようとしたものに、ヴェネツィア派の絵画に描かれた一六世紀の織物があるし、一六世紀末の女性服の特徴である、肩の付け根で大きく膨らませ、袖口を細く絞ったジゴ袖は、一八三〇年代と一九世紀末に復古している。一六世紀は、ヨーロッパのレトロ趣味が関心をもったもう一つの重要な時代である。一七七〇〜八〇年代のフランスに現れたアンリ四世風もその一つである。アンリ四世（在位一五八九〜一六一〇年）はブルボン王朝を開いたフランス王であり、彼の時代の服飾にちなむ「アンリ四世風羽根飾り」、彼の愛人ガブリエル・デストレの名を借りた「ガブリエル風袖」などが、「ギャルリー・デ・モード」誌に少なからず記録されている。

このようなモードのきっかけは、アンリ四世をテーマとした芝居が盛んに舞台に上がったことによる。そして、そのなかの一つ『アンリ四世の狩猟会』に倣って、マリー・アントワネットが仮装舞踏会を開いたことが直接の起因になっていた。つまり一六世紀趣味のモードには、芝居の舞台衣裳がファッションとの媒介役をしており、このことは後述のロマン主義の中世趣味においても同様である。では、なぜアンリ四世時代の芝居が多かったのか。アンリ四世をテーマとした芝居は、ルイ一六世（在位一七七四〜九二年）の即位の年から一七八二年に集中し、マリー・アントワネットの仮装舞踏会は一七七四〜七八年に開かれた。つまりここにはブルボン王朝初代の国王アンリ四世を称えることによって、ブルボン王家を正当化し、賞揚しようとする政治的意図があった。

過去にさかのぼることは、このようにある種のナショナリズムに結び付くことがある。ナポレオン帝政下の新古典主義に代わって登場するロマン主義の思潮のなかで、中世への憧憬が中世風衣裳の流行を促したことにも一種のナショナリズムの感情があった。ロマン主義者は、自らのルーツを自国の最も古い時代である中世に求める。フランク王国がドイツとイタリアとフランスという三国のおよそのかたちに生まれ変わったのは九世紀であり、中世文明の華を咲かせたのは一二世紀であった。フランク王国のメロヴィング王朝から、一四世紀に誕生したヴァロア王朝が一六世紀末のアンリ三世をもって終焉するまでを中世と呼び、ここにロマン主義者は自らの文化のルーツを認めたのである。未だ「ルネサンス」という歴史の概念のない時代、「中世」は一六世紀までを含んでいた。そして彼らが愛国的な気持ちをこの時代に向けたのは、産業社会を迎え、中世の遺物が一顧だにされず破壊されることを憂慮したからである。文化財の保護に対する意識が生まれたのもこの時期であった。

そして中世風衣裳を流行らせたのは、ここでも舞台衣裳の介在である。

しかも芝居のみならず、絵画や文学の歴史ブームと重なり、中世風ファッションはロマン主義の諸芸術をつなぐ要ともなった。ただしこの流行は若者たちの、いわば遊びともいうべき現象であり、一六世紀末のプールポワンを真似た上着、つま先の伸びた一五世紀のプーレーヌや左右色違いのタイツなどの扮装は奇妙で、常軌を逸した行動と市民の眼に映り、顰蹙《ひんしゅく》を買った。とはいえ遊戯であるがゆえに、そのファッションは、想像力の解放を訴えるロマン主義運動の核心にあったともいえる。

舞台衣裳の時代考証

一九世紀の若者たちの服装が実際どのようなものであったか、残念ながら目に見えるかたちで今日に残されたものはないが、手本となったものの図像はあり、記録にはこと欠かない。たとえば自らと仲間のレトロ趣味を自嘲を込めて小説に描いたテオフィル・ゴーチエの『若きフランスたち』（一八三三年）は、若者がプールポワンの型紙をつくり、仕立て屋に製作を頼みにいく光景など、若者の生態をリアルに伝えている。ところでこのような描写に多いのは「アンリ三世風」と「サン・メグラン風」という形容詞である。これらは一八二九年にコメディ・フランセーズ座で初演され、大成功をおさめたアレクサンドル・デュマの芝居『アンリ三世とその宮廷』に登場する人物の舞台衣裳を真似たファッションである。

舞台衣裳が若者ファッションのモデルになったのは、当時の人びとの最大の娯楽が観劇にあり、時代考証によって衣裳がリアルに再現される新たな演出が、観客を楽しませた時代だったからである。時代の風俗を忠実に写した舞台衣裳を重視するのが、ロマン主義の演出であり、観客は精緻《せいち》に再現され、本物の鎧兜さえ

「ギャルリー・デ・モード」誌が伝える《1774, 1775, 1776年の王妃の舞踏会における宮廷婦人の衣裳》。袖は16世紀末から17世紀初めに流行したかたちで、アンリ4世時代の懐古趣味を示す（リヨン市立図書館 Rés, 24992, t. 2, pl. 103）。

《サン・メグラン役のフィルマンの衣裳》アレクサンドル・デュマのデビュー作『アンリ3世とその宮廷』は、フランス、ヴァロア朝最後の王、アンリ3世の宮廷で起こった、美貌の寵臣サン・メグランと王位を狙うギーズ公との確執に取材した史劇。サン・メグランはギーズ公夫人に懸想し、嫉妬したギーズ公に殺される。時代考証された16世紀末の舞台衣裳は、実在のサン・メグランの肖像画にかなり近い（フランス国立図書館版画室、マルティネ刊舞台衣装集643図）。

資料館から調達された舞台の面白さを見るために劇場に足を運んでいる。アンリ三世の芝居が好評だったのも、物語の面白さばかりか、舞台衣裳と大道具・小道具の本物らしさに理由があったことは、そろって絶賛した演劇批評が証言している。

そして舞台衣裳をつくったコスチュミエは若い画家たちである。フランスを代表する画家として今日なお人気を誇るドラクロワも、一八二八年にヴィクトル・ユゴーの史劇の衣裳を担当している。画家は、革命後、公開されたルーヴル美術館に通い、巨匠たちの作品を模写して腕を磨き、自ずと過去の服飾を学んでおり、そうした画家が服飾史の専門家だった。たとえばユゴーの『王は楽しむ』のコスチュミエを務めたオギュスト・ド・シャチオンは、フランソワ一世の扮装の一つに、一六世紀ヴェネツィア派の画家、パオロ・ヴェロネーゼの《カナの婚礼》に描かれた人物の扮装をそのまま使っている。

もちろん服飾史の知識は、彼らが歴史画を制作する際にも欠かせない。同様に歴史小説を書く際には、時代を映す服飾の描写が重視される。ロマン主義の演劇と絵画と文学は、このように服飾文化と深い関係にあった。

《サン・メグランの肖像》1581–82年（ルーヴル美術館）。

カーニヴァルの仮装舞踏会の伝統

過去の服装を流行らせることに貢献したものに、演劇とともにヨーロ

ヴェロネーゼ画《カナの婚礼》部分（1562-63年）。フランソワ1世の部屋着が、この絵に取材されたことは、人物のポーズからも、衣裳の柄からも明らかであり、かつユゴー夫人の証言もある（ルーヴル美術館）。

ッパの伝統であるカーニヴァルの仮装舞踏会がある。マリー・アントワネットが仮装舞踏会を催したのも同様の事情による。ロマン主義の活動の始まる一八三〇年代のパリは、カーニヴァルの仮装舞踏会が庶民から宮廷にいたるまで隆盛をきわめた時代で、ヨーロッパ中の観光客を集めていた。

ヨーロッパ大陸に古くから住んでいたケルト人のあいだには、一月一日、男が女に変装し、あるいは鹿や獣に扮してどんちゃん騒ぎ《シャリヴァリ》を行う祭りがあった。これをキリスト教が取り込んだのが謝肉祭《カーニヴァル》である。カーニヴァルは御公現の祝日から四旬節に入るまで、つまり一月から三月にかかるおよそ二か月の時期を指す。四旬節とは、荒野で修行をするイエスを偲び、獣肉を断ち、懺悔を行う四〇日間で、これが明けると復活祭を迎える。つまり四旬節に入る前日の、カーニヴァル最終日を、太った火曜《マルディ・》日《グラ》というのは、痛飲乱舞が許される

オーギュスト・ド・シャチオン画《フランソワ1世の部屋着》。1832年に初演された『王は楽しむ』の舞台衣裳で、主人公のフランソワ1世の衣裳の一つ。芝居は不評で、一晩の公演で終わり、再演は50年後。不評の理由に衣裳への不満があった（パリ、ユゴー博物館）。

最後の日だからである。仮装舞踏会は、この最終日に最も盛大に行われるが、カーニヴァルの期間を通して行われ、冬場の娯楽の最たるものであった。

　モード誌のファッション・プレートは、一月になるとそのための仮装服を提案し、上流社会の女性はモード誌や服飾版画集や旅行記をひもといて仮装服のデザインに心を砕いたという。庶民や若者も同様、通俗喜《ヴォード》劇《ヴィル》の登場人物として名高いペテン師ロベール・マッケールや、オペラ・コミック『ロンジュモーの駁者』の美男の駁者、伝統的なイタリア喜劇のアルルカン、一八世紀の公爵、魔法使い、トルコ人、当時のベストセラー『ロビンソン・クルーソー』の主人公など、さまざまな扮装が試みられ、また仮装服のデザインを提案するガヴァルニのような画家もいた。

　必ずしも歴史に取材されたわけではない仮装服だが、宮廷と芸術家のあいだでは時代衣裳が好まれている。

エピナル版画《パリのカーニヴァル》1830年頃。パリの庶民のあらゆる扮装が描かれている。上段左の3図はイタリア喜劇の人物の扮装でカーニヴァルの定番。二段目右端はロンジュモーの御者、その下はフィガロ、三段目中央はドン・キホーテ、下段中央は公爵、右端は魔法使いである(パリ、カルナヴァレ博物館)。

ガヴァルニ画《舞踏場の入り口》1837年。仮装舞踏会場に入る若い二人のうち、青年は飾り袖のついた中世風の扮装。連れの女性が羽目を外さないようにと注意しているのだが、後ろで熊の頭を持ち上げた青年が聞き耳を立てているのは、フランス語で羽目を外すという意味で「頭を失くす」と言うからである。熊の恰好もカーニヴァルの定番である（フランス国立図書館版画室)。

一八二九年三月、フランス王のシャルル一〇世の次男ベリー公の未亡人マリー・カロリーヌの宮廷では、一五五八年にメアリー・スチュアートがフランス王太子フランソワとの結婚のためにチュイルリー宮殿に到着したという設定で、総計一〇〇人ほどの宮廷人が一六世紀の人物を演じたという。マリー・カロリーヌはメアリーを演じ、一六世紀の事実にしたがって細部まで再現した扮装を絶賛されている。一方、一八三三年には人気作家のアレクサンドル・デュマの邸宅でパリの文士を集めた盛大な仮装舞踏会が開かれ、彼の記録には、ジャン王、シャルル七世、アンリ二世、アンリ三世、ヴァン・ダイク、ティツィアーノ、デューラー、アンヌ・ドートリッシュ、デュ・バリー夫人など、歴史上の人物が並んでいる。金髪のハンサムな詩人としてもてはやされたミュッセが、一六世紀風の衣裳を着て描かれているのは、このような仮装舞踏会に参加したときの姿だからである。

アシル・ドゥヴェリア画《16世紀ドイツの小姓に扮したミュッセ》1830年頃。青い眼に金髪のハンサムな詩人、ミュッセが、アシル・ドゥヴェリアの家で行われた仮装舞踏会に参加したときの扮装であろう。16世紀が中世趣味として好まれ、また小姓が舞台に多く登場する時代の好みを映している（フランス国立図書館版画室）。

ガヴァルニ画《紙の衣裳》1833年。ガヴァルニは仮装服のデザインを提案し、コスプレのための多くの版画を残した（フランス国立図書館版画室）。

ガヴァルニ画《ロビンソン・クルーソーの扮装》1842年。デフォー作『ロビンソン・クルーソー』は、1820～30年代のフランスでベストセラーであった。フランス語で大型こうもり傘をロビンソンと言うように、傘はロビンソンの大事なアトリビュート。無人島からの帰還に際し、手放せずに持ち帰ったのが、この傘と山羊の皮の帽子とオウムのポル君で、いずれもここに描かれている（個人蔵）。

社会・文明批判

仮装を好んだ若者たちの証言によれば、彼らのコスプレは、愛着をもったそれぞれの時代の生活を生きてみるきわめて想像豊かな遊びであった。たとえば、シェイクスピアが流行れば、彼らはロミオとジュリエットを真似て、芝居の一こまを生活のなかに取り込む。生活と想像世界の境の曖昧な心理状態が、彼らのレトロ趣味のコスプレを支えている。そしてなぜ想像世界に遊んだのかといえば、驚異の体験こそが芸術を志すものの誇りであり、ブルジョア階級の擡頭と産業社会の進展に対する、それが芸術家としてのせめてもの抵抗であったからである。フランス革命後におとずれた産業社会では、経済的に優位にあったブルジョア階級が、貴族に代わって文化の指導者としての役割を担う。しかし経済的利潤にしか関心のないブルジョアは愚鈍で平凡で、無趣味であり、にもかかわらず芸術に口を挟む彼らの態度に、若い芸術家は堪えられなかった。その蔑視は、人びとが等しく着るようになった黒い燕尾服、白いワイシャツ、ハイカラー、あるいはネクタイに重ねられた。彼らが歴史に取材して奇妙な服装を誇ったのは、こうしたブルジョアの紳士服に対抗するためであった。

ロマン主義時代の中世趣味は、時代の歴史ブームのなかで演劇や文学・絵画と密接に関わった芸術活動の一環のなかにあるが、そればかりか資本主義社会を迎えたばかりのフランスに生きる人びとの葛藤をも示すものだった。同じ頃、ダンディと称して黒い燕尾服を着こなし、そこに平等社会ゆえのプライドの喪失を感じたボードレールのような作家は多かったが、中世のレトロ趣味もまったく同様の意識から生まれている。ただし、ダンディスムは現代服を冷ややかにまとったのに対し、ロマン主義者は現代服を拒否して過去に逃避した。

エティエンヌ・カルジヤの写真《プリュドム氏を演じるアンリ・モニエ》1865年。ジョゼフ・プリュドム氏とは、愚かなブルジョアの典型として作家のアンリ・モニエが創造した人物である。写真は、プリュドム氏を作家自ら演じた姿である（オースティン、テキサス大学）。

オノレ・ドーミエ画《ジョゼフ・プリュドム氏》1855年。芸術に無知でありながら、もっともらしく批評をくだす愚かなブルジョアを諷刺した作品。芸術家は、耳を隠すほど高いハイカラーに、俗悪で愚鈍なブルジョアのシンボルをみていた（L. Delteil, *Honoré Daumier*, no. 2654）。

第四章　ジェンダー、下着、子ども服

1　ズボンの表象

家庭の采配権をかけた〈ズボンをめぐる争い〉

〈ズボンをめぐる争い〉を描いた浮き彫りは、15世紀以来、教会の聖職者席の座板持送りに多い。図は16世紀のベルギー、ホーフストラテン参事会聖堂の例で、夫婦がズボンを取り合うわかりやすい例である。

男の服と女の服の差異はいつの時代にもある。服装は性差の文化を最もよく示し、同時にその表象によってジェンダー規範をより強固にしていく。近代社会の男性の黒服と、女性の白いドレスや色鮮やかなフォーマル・ドレスとの対照は、勤労者としての男性の役割と、家庭を護る貞淑な妻としての女性の役割の相違を示し、それぞれがそれぞれの倫理を育むことに貢献しただろう。今日の社会では、男の子の青い服とズボン、女の子のピンクの服とスカート、それらが社会の求める男の子らしさと女の子らしさを育てている。

　服装の性差の根源にあるのは、男性のズボンと女性のスカートであるようにわたしたちの目には映るが、スカートが女性の記号となったのはせいぜい一六世紀以降ではないかと思う。一五世紀までは男女ともにワンピース型の長衣が用いられ、スカートという形状は必ずしも女性の占有物ではないからである。

　一方、ズボンが男性のシンボルとして認識されるのは、少なくとも一三世紀までさかのぼる。当時のズボン《ブレ》は下着であり、常に人目に触れるものではなかったが、両脚を別々にくるむ形状は決して女性に用いられることがなかったからだ。家庭を采配する権利をかけて夫婦がズボンの争奪戦を繰り広げるという笑話《ファブリオ》が生まれ、夫を尻に敷く女性を非難して「今どきの女はズボンをはいている」と教会人が説教で語るのは、一三世紀のことである。すでにズボンは、家庭を治める男性の権利の象徴であった。「ズボンをはく」という表現は、今日なお英語でもフランス語でもド

〈ズボンをめぐる争い〉のテーマは、17-18世紀には版画作品に多い（フランス国立図書館版画室）。

ズボンをはいた妻が、夫に糸紡ぎを命じている〈さかしまの世界〉を描いた18世紀ドイツの民衆版画（J. Grand-Cartelet, *La femme en culotte*, p. 15）。

イツ語でも、男勝りの女性を評して使う。

「ズボンをはく」という表現の背景には、男性による女性蔑視《ミソジニー》の観念がある。笑話「アンの旦那と女房アニユーズ」は、夫にことごとく逆らう妻に業を煮やした夫が、どちらが家の主人であるべきかに決着をつけようと、ズボンの争奪戦を提案するという話である。二人のあいだには激しい格闘が始まるが、ここには、夫婦間の諍いに決着をつける司法手続きとして存在した、いわゆる決闘裁判というモデルがある。アンの旦那は、激しい格闘の末、ずたずたに引き裂かれたズボンを辛くも獲得する。妻は懲らしめられて、それからは夫に大人しく従うようになったという結末は、女性蔑視の観念がたどる必然の結論である。女性は性悪で不実、狡猾で貪欲きわまりないと断罪したのは、女性をイヴの子孫と考えたキリスト教の思想であり、教会人の女性に対する態度はきわめて厳しいものだった。

〈ズボンをめぐる争い〉は、その後、近代にいたるまで多くの諷刺画を生んだ。このテーマは高じて男女の服装と役割が逆転した〈さかしまの世界〉に拡大する。男性の恰好で猟に出ようとする女性と、女性の恰好で糸紡ぎをする哀れな男性、女性は常に高飛車に男性になにかを命じている。

男性のズボンは、家庭の采配権ばかりか、国家統治のシンボルとしても機能する。統治の観念は男性性と結び付き、ゆえに統治者としての女王は少なくとも表象の世界ではズボンを着用しなければならなかった。ズボンをはくという表現が誕生した頃、未だ下着であったズボンは、その後の歴史のなかで目に見えるかたちで男性性を表象することになる。

男性と同じ社会生活を望んだ『ズボンをはいた女』

一八九九年に、フランスの作家、ジョン・グラン＝カルトレは、『ズボンをはいた女』と題して男装の歴史をたどった。その冒頭に「紀元二〇〇〇年の女」と題して、一世紀後の現代を予想した、図のような女性像を載せている。ズボンの形状は異なるとはいえ、今日のパンツ・ルックを予見した姿である。女性が煙草を吸い、ステッキを持ち、ズボンをはいているのは、これらが当時の女性の憧れた男性の生活を代表するからである。つまりここで女性がズボンの着用によって主張したことは、もはや家庭の采配権ではなく、男性と同様の社会生活を享受することであった。作者が女性のズボンの歴史を書いたのは、二〇世紀への変わり目のこの時期に、女性がズボンをはき始めたからである。

グラン＝カルトレは、女性がズボンをはくようになったのは、自転車乗り《サイクリング》やゴルフなどのスポーツの流行によると証言している。そのための服装として用いられたのがブルーマー型のズボンである。それは、一八五一年、アメリカのアメリア・ブル

1899年にジョン・グラン＝カルトレが著わした『ズボンをはいた女』の表紙。このようなブルーマー型のズボンが、女性にサイクリング用として着用された。

『ズボンをはいた女』の表紙をめくると、《紀元2000年の女性》と題した図のようなデッサンがあらわれる。かたちは違うが、今日の女性のズボン着用を予測した図である。タバコとステッキとズボンに、当時の女性は憧れた。

ジャン・ベロー画《ブーローニュの森のサイクリング》1901-10年。パリの上層階級の女性は、馬車に自転車を乗せてブーローニュの森まで送らせ、サイクリングを楽しんだ（ソー、イル・ド・フランス美術館）。

《アメリア・ブルーマー夫人》『イラストレイティッド・ロンドン・ニュース』1851年。

ーマー夫人（一八一八〜九四年）が、活動性を求めて、トルコ風のパンツを真似てつくったズボンに由来する。ブルーマー夫人のズボンは、夫人が女権拡張論者でもあったことからその着用には抵抗が大きく、普及することはなかったが、半世紀後にスポーツを介在して女性の服装に入ったことになる。とはいえ、そもそも女性にスポーツが許されるようになったという事実には、女性をとりまく環境の変化がうかがわれる。やがて一九二〇年代には、フランス語でガルソンヌ、日本ではモダンガールと呼ばれる、新しい女性像が誕生するから、ズボンが女性服のアイテムに入ったことは、その予兆ともいえる。

ズボン型ペチコートをはいた少女たち。『ボン・ジャンル』より（文化女子大学図書館）。

《女性サン=シモン主義者の制服》1830年。家庭内の男女平等を訴えたサン=シモン主義者がズボンをはいたのは、ズボンをめぐる長年の争いの当然の帰結であろうか（パリ、アルスナル図書館）。

　実はブルーマー夫人がズボン型の衣服を提案するよりもやや早く、一八三〇年代のフランスには、男性と同等の女性の権利と、「自由な女性」を標榜するためのズボンがあった。それは、女性の意識改革と地位向上に少なからぬ役割をはたした初期社会主義思想の一つ、サン＝シモン主義を信奉する女性たちの服装である。のちのフェミニズム運動を準備する最も初期の女性解放思想として今日では評価される主張であり、家父長的な家族制度の廃止と家庭内の男女平等の実現を求めるものであった。そのような主張をズボンで示そうとしたことは、まさに長年の〈ズボンをめぐる争い〉の必然の結果であろう。ただし、このズボンは男物のズボンと同じものではなく、スカートの下に着用されたペチコートというべきものであった。男性のサン＝シモン主義者も独特の制服をもち、彼らも家庭での男女同等を支持してはいるが、男女が同一の制服を着るには時代が早すぎたようである。

　ところで、女性サン＝シモン主義者のスカートにズボン型のペチコートを重ねたスタイルは、結婚前の娘たちにふさわしい服装でもある。一九世紀に、ブルジョア階級の幼児や少女は、短いスカートの下からズボン型のペチコートを覗かせている。この姿を、女性性を封印したという意味で幼児性を示す姿と捉えるなら、女性サン＝シモン主義者の服装にも、女性性の封印という意味を与えることはできるだろう。

　女性のズボン着用への抵抗は、スポーツ服として取り入れられたのちも続いている。一九〇二年、パリの既製服店「ベル・ジャルディニエール」のカタログは、サイクリング用のズボンを掲載しているが、ズボンを隠すように表はスカートの形状をもっている。この姿は、一八八〇年代のイギリスで、合理服協会が提案したディヴァイデッド・スカートに類似しているが、こちらも賛否両論の議論を生んでいる。さらに合理服協会は、コンビネーションと称された、ズボン状の、いわゆるつなぎ型のウールの下着を提案、こちらは暖かさゆえに普及した。ベル・ジャルディニエールのサイクリング用ズボ

1902年のラ・ベル・ジャルディニエールのカタログが示すスカート型キュロット。ラ・ベル・ジャルディニエールは1824年に設立、1860年代には320を超える店舗を展開し、1970年代まで続いた既製服店である。フランチャイズ・チェーンの先駆として知られる。

ンは、これらの組み合わせのようにもみえる。男性と同じようにズボンをはいた女性の姿が、一九一〇年代の写真にみられることがあるが、ズボンは長いドレスの下に見え隠れしている。一九三〇年代においても、ズボンはリゾート地で余暇を過ごすファッションにすぎなかった。女性のズボンが、このようにためらわれ続けたのは、脚を別々にくるむさまを露出することに抵抗があったためで、それは、後述のように、脚がエロティシズムに訴えるからである。娼婦がしばしば男装をし、ズボンをはいたのは、そのためである。

日常生活で女性のズボンが目に見えるようになるのは一九六〇年代で、それに貢献したのが一九六八年のパリの学生による政治運動、いわゆる五月革命である。これを機に社会通念は大きく変わり、ズボンを男のアトリビュートとする観念も失われた。翌年にイヴ・サン＝ローランが、夜会服と平服の区別はもはや不要であると言い、服装の自由化が始まると、ズボンは晴れて女性に解放された。とはいえアメリカの大衆文化が広まろうとも、フランスでは良家の子女がズボンをはくことはその後もタブーであり続けた。カジュアルなジーンズはともかく、ズボンと組み合わせたスーツが抵抗なく着用されるようになるのは、二〇世紀も末である。ここに男女の機会均等を保証する社会の成立があることは疑いもない事実だろう。

2 異性装

キリスト教と男装・女装

キリスト教は男女の衣服の混淆《こんこう》を戒める。旧約聖書「申命記」は「女は男の着物を着てはならない。また男は女の着物を着てはならない。あなたの神、主はそのような事をする者を忌みきらわれるからである」と述べている。一五世紀にジャンヌ・ダルクが異端と断罪され、火刑に処せられたのも、理由の一つは彼女の男装にあった。英仏の百年戦争のあいだ、シャルル七世をフランス王として戴冠させるのに貢献したジャンヌが、イングランド軍に捕らえられたとき、その裁判記録には、男の服

《サン・バルモン伯爵夫人》剣を使いこなし、男装で知られた17世紀フランスの貴族女性(J. Grand-Cartret, *La femme en culotte* より)。

を捨て、女の服を着るようにという勧告が執拗に繰り返され、結局、彼女が「放埒な男のするような」衣服を着用し、男のように髪を刈り、「女性の本性と貞潔を愚弄した」と告訴されている。つまり神から与えられた性を偽ることは、神への冒瀆だった。中世の教会はまた、カーニヴァルの起源ともいえるケルト人の土俗の祭り《シャリヴァリ》で慣習となっていた男装・女装を、蛮行として非難し続けてきた。

とはいえ男装や女装は、さまざまな理由で古くから行われてきた。とくに女性の男装は、旅の安全など合理的な理由から行われることが多かったし、戦士のような男性の職業に携わるために男装を余儀なくされることも多かった。ただし女性の男装が目立つのは、このような合理的理由にのみよるのではない。男装の麗人として歴史に名を刻んだ女性が少なからずおり、グラン＝カルトレが男装の歴史を書いたように、男性の女装よりも女性の男装のエピソードが圧倒的に多いのは、女性より男性を優位に置く蔑視《ミソジニー》の観念によって女が男の恰好をすることが、賞賛されたからである。したがって一方で、女より優位にあるべき男が、女の恰好をすることは恥ずべき行為であった。

ところで異性装は、グラン＝カルトレの著作がその典型であるように、個人の性向に結び付けられて語られてきたが、近年では社会と文化の構築物として捉えることが主流となってきた。つまりなぜ異性の服装をあえて身につけるのかといえば、社会と文化の要請があるからであり、その文脈のなかで読み解くことによって初めてジェンダーという性差の文化が解けるからである。そのような視点から、読み直しが行われているのが、一九世紀フランスの作家であり、男装の麗人として知られたジョルジュ・サンドである。

ジョルジュ・サンドの男装

サン＝シモン主義の女性たちが、

ジョルジュ・サンドという男名のペンネームで、政治・作家活動をした彼女の男装はしばしば諷刺画の対象となった（パリ、カルナヴァレ美術館）。

ズボン状のペチコートをはいていた頃、男物のフロックコートを身につけ、共和主義者として政治活動を行っていたのが、ジョルジュ・サンド（一八〇四〜七六年）である。ジョルジュ・サンドという名も男名のペンネームである。民法で定められた妻の夫への服従義務や妻の従属的地位など、女性の隷属状態を憂える点で、女性サン＝シモン主義者と意思を共有したジョルジュ・サンドは、彼女らの活動のシンボル的存在であった時期もある。

　ジョルジュ・サンドの男装は子どもの頃から始まり、そこにさまざまな理由があったことは『自伝』からよく知られている。まず四歳のときに母親によって軍服を着せられたのは、軍人の父親が仕える将軍の機嫌をとるためという些細な事情であったらしい。そして思春期には、家庭教師の影響を受けて、狩りや乗馬の際に男性の服を着用することがあった。二〇代に、日常の振る舞いに比較的、自由が許されるパリの生活が始まると、女性の服装よりも安上がりであるという経済性と活動上の機能性が、彼女に男装を促した。

　そして文筆と政治活動を行う上で最も切実であった男装の理由は、どのような場所へも出入りできる自由の確保であった。居酒屋やカフェ、市場や画家のアトリエなど、女性の入ることのない空間へ男装をすれば入ることができる。さらに女性に禁じられた公共の場、議会や裁判所や証券取引所へ入るために、ジョルジュ・サンドが警察に男装の許可を求めた事実が知られている。当時は異性装を禁じる警察令があったからである。要するに男性とともに活動をし、活動の範囲を広げるための男装が、彼女には必要だったのであり、彼女自身はできるかぎり女性性を隠蔽したかったと述べている。

彼女の男装は当時の社会でよく知られ、しばしば諷刺画の対象となった。そこで男装とともに揶揄されるのは、執筆活動と喫煙の習慣であり、つまりこれらが女らしさを逸脱する行為として、社会常識を揺るがしていたことになる。ということは、少なくとも個人の性向では済まされない社会的意味を彼女の男装が担っていたということである。このことは男装を描く彼女の小説を参照すれば、さらに明確になると新實五穂氏は言う。

幼いときから男の子として育てられた女主人公が、女性としての束縛と抑圧のなかで生きるさまを描いた『ガブリエル』では、女主人公の男装は当時の結婚制度を告発する役割を担っているからである。男装をしたジョルジュ・サンドの意思が、自らの小説に描いた男装の理由とどうして無関係でありえようか。彼女の男装は、男性と同じ社会活動を希求した証しであるとともに、女性に過酷な当時の家族制度への批判という社会的意味をもっていたと言わざるをえない。

3 下着

私的な衣服の社会性

身体に直接まとう下着の役割として、わたしたちがまず考えるのは、健康と身体の快適性ということかもしれない。しかし下着に対するこのような観念は、服飾の歴史のなかではそう古いものではなく、おそらく一九世紀に健康の問題とともにクローズアップされたと思われる。豪奢と奢侈をひけらかす支配者階級の服装において、快適性は大きな問題ではないからである。むしろ身体をさまざまに造形する時代には、コルセットに代表される身体補正という役割の方が、はるかに重要であっただろう。とはいえ支配者の権威の演出のための道具であるなら、ここでも下着はやはり隠されるべき衣服である。

服装が権威の表象であり、より社会的意味を帯びている時代には、私的な下着は非社会性のシンボルとして機能する。つまり下着のみの姿は、社会的権威のいっさいを放棄した謙譲の気持ちをメッセージとして発信する。中世に下着姿が、捕虜のシンボルとなり、あるいは主君に謝罪する臣下の姿となり、また苦行と悔い改めを示す服装ともなるのは、このような理由による。市民の封建領主への対立抗争が、あるいは騎士の主君への謀反が、やがて鎮圧されて和解が成立するとき、謝罪する人びとの下着姿と、それを受け入れる領主や主君の装いとの対照は、両者の力関係をあまりにもよく示している。

男性なら「シュミーズとズボン《ブレー》のみ」、女性なら「シュミーズのみ」の下着姿は、甲冑が示す物理的な力も、毛皮や豪奢な身分表示の服装が示す社会的な力をも放棄したことを示していた。同種の姿を苦行者がとることも、社会的な欲望を捨て去ったがゆえの姿であり、捕虜や囚人が下着姿であるのも、それが社会的権利の剝奪された状況を示すからである。

《カール大帝に謝罪するエーモン兄弟》を描く15世紀の武勲詩の写本挿絵。
大帝への謀反を詫びる兄弟は裸同然の姿で、物理的・社会的いっさいの力を放棄したことを証す（フランス国立図書館 Ms.Ars,5073 f.348v.）。

快適性への志向

下着の価値に快適性を求めるようになるには、少なくとも一八世紀を待たねばならない。快適性への志向が誕生するには、産業社会の展開によってブルジョア階級の倫理が育ち、個人の私的な生活に価値を見出す必要があるからである。一八世紀に部屋着が流行するのも、プライベートな生活への関心が増大したからである。ゆえに私的な生活が重視され、かつ消費社会の時代を迎え、下着の文化が隆盛を誇るのは一九世紀である。

フランスでは、一八三〇年代から一九一〇年代のベル・エポックまでが、女性の下着の黄金時代といわれる。下着の種類の多さと、身につける量の多さは、他の時代の追随を許さない。ピアノの脚にもカバーを付けたといわれるのはこの時代であり、椅子やティーポットにカバーを付け、カーテンやテーブル・クロスなど、剝き出しのものにはすべてカバーを付けた時代である。

一方、一九世紀末のイギリスでは

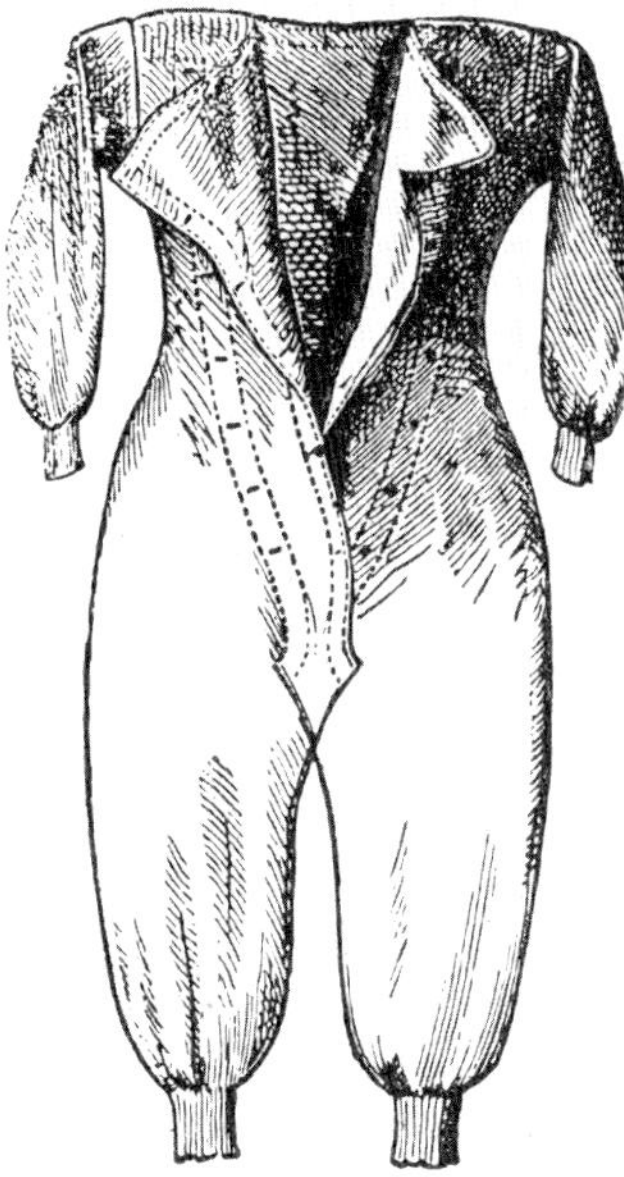

コンビネーション　1885年（C.W. & P. Cunnington, *The History of Underclothes*, fig. 87）。

より合理性を求めた下着の改革が起こっている。一八八一年に設立された合理服協会は、活動に適し、身体のいかなる部分にも圧迫のない、暖かく、軽い服を求め、とくに薄くて暖かな下着の普及活動を行っている。最も成功したのが、ズボン状のつなぎ型のコンビネーションである。一方ドイツでは一八七〇年、イェーガー博士がその皮膚呼吸理論にしたがって、動物である人間にはウールの下着がリンネルよりも衛生上適っていると、「健康文化」と題した論文で主張し、ウール・ブームを起こすと、これはたちまちイギリスへも広がった。健康と衛生の名のもとに、服装の各方面で改良運動が行われたことには、一八七〇年代からのスポーツの普及、リゾート地での余暇の習慣、あるいは旅行ブームなど、健康志向の新しいライフ・スタイルが誕生したことに重ねられる。

羞恥心と官能性

身体に触れる下着は、自身と限られたひとの視線にのみさらされるプライベートな衣服であるから、官能性の表現を担うのはいつの時代でも同じであろう。中世文学における恋の情景に、女性の下着姿《シュミーズ》が常套の表現であるのもそのためである。アーサー王配下の随一の騎士ランスロットは、王妃ギニヴィアとの密会に、窓越しに彼女のシュミーズ姿を認め、二人を隔てる鉄格子をも破壊する力を授かっている。ただし当時の女性の亜麻布の下着は多分に部屋着であり、多くその上に上等な毛皮のマントを羽織っている。また中世には裸体で就寝する習慣があり、したがって肌に直につけるという意味では同じ下着でも、今日の下着の観念とは微妙に異なるだろう。ちなみに就寝用の夜着が登場するのは一七世紀のことである。

下着のかもし出すエロティシズムが自然なことであり、いつの時代にも等しくその表現性があるとはいえ、下着がそれを最高に示したのは、やはり下着の隆盛した時代である。なぜなら、下着によって隠されれば隠されるほどエロティシズムは増大し、それとともに身体をあからさまに暴露することへの羞恥心がいっそう増すからである。

エロティシズムは隠されることによって生まれ、そして羞恥心とは表裏の関係にある。実際、裸体で寝る習慣をもち、下着と部屋着の区別の曖昧な中世では、裸体に対する羞恥心がきわめて希薄であった。未婚の若い娘が、旅の騎士の入浴の世話をする光景など、文学作品には今日では考えられない当時の人びとの裸体へのおおらかな態度が描かれている。かつて衣服の起源説として、恥ずかしいから衣服を着るようになったという羞恥説なるものが言われたことがあるが、今ではこれを支持するひとはいない。恥ずかしいから衣服を着るのではなく、衣服を着る習慣をもったから裸体に恥ずかしさを感じるようになったのである。

　フィリップ・ペローは、下着を重ね、妨害が増大すればするほど官能性が呼び起こされることを、羞恥心の倒錯的効果と呼んでいる。妨害は欲望をくじくと同時にあおりたて、下着という遮蔽幕は、成就を際限なく遅らせることによって緊張感を高める。下着の生む官能性は、下着への関心が最も強い近代の産物ともいえる。

ジャン・ベロー《シャンゼリゼのモディスト》部分（1888年）。裾をたくし上げている女性は、箱を持っているから、客に商品を届けるモディストである。背後に男の姿がある。女性像に男の姿やその視線を添える風俗画は世紀末のパリに多い（個人蔵）。

　女性が下着としてズボンをはくようになるのも同じ一九世紀で、実はここにも羞恥心が一因としてある。それは、クリノリンという膨大スカートが流行った時代、舞踏会でワルツやポルカを踊った際にうっかり脚を見せることを防ぐためにズボン状の下着がはかれたからである。つまり脚を見せることへの羞恥心が女性にズボン型の下着を促した。

　女性のファッションが、脚を見せるようになる一九二〇年代半ばまで、女性は脚を隠し続け、隠された脚はゆえに官能性に訴える対象であった。脚の呼び起こす官能性も一九世紀に最も顕著であり、その表現は当時の文芸からいくらでも拾える。パリの街角で若い女性が、水溜りを渡ろうと、ドレスの裾を少し持ち上げている。そこに、女性へ視線を注ぐように男の姿が添えられるという画面は、世紀末の風俗画の典型である。女性が、モディストと呼ばれたお針子やブティックの店員であることは、客に届けるための商品の箱を携えていることからわかり、こうした女性労働者の性が、消費社会のなかで商品化されたことを示している。そして屋内でも靴を履くヨーロッパの習慣が、このような官能性をさらに高めているだろう。足（脚）はきわめてプライベートな空間を示す身体部位である。ゆえにブールジェの『嘘』は、女性への性的欲望が喚起される場面にことごとく、「ばら色の絹の靴下」や「部屋履き」への言及を挟み、プルーストの『失われた時を求めて』は、去った恋人の不在感を残された部屋履きに感じる主人公の心を描くのである。

4 コルセット

コルセットを示すことば

ジャン・フーケ画《聖母子》1450年頃。シャルル7世の愛人、アニェス・ソレルをモデルとしたといわれる聖母子像。コルセットということばは、前開きの紐締めを特徴とするこのような衣服を指したのが最初である（アントワープ美術館）。

コルセット（corset）は、フランス語で身体を示すcorpsの派生語であり、初出は、一三世紀初頭に書かれた『オーカッサンとニコレット』という恋物語である。恋人たちを苦難から救おうと歌う羊飼いの歌に、女主人公ニコレットを評して、「澄める面と輝く眼」、そして黄金色の髪に続けて「コルセットをつけた娘」とあるところからすると、若い女性の美しさを表現する衣服なのであろう。作品のなかで女性はブリオーを着装しているから、そのかたちを整えるための初期のコルセットと考えてよい。当時の彫像によれば、ブリオーの身頃は身体に密着しているからである。中世末期には、コルセットということばは、前中央を紐締めして身体に密着させる下着を指して使われ、ここに今日のコルセットの原型がある。

コルセットとは、上半身の体型を整えるための下着であると、まず定義してよい。身体の形体をさまざまに整形・変形してきたヨーロッパの服飾において、ゆえにコルセットは重要な役割をはたしてきたが、下着であるだけにその実態はつかみにくい。

細いウエストを強調するコルセットが登場するのは一六世紀で、フランス語ではコール・ア・ラ・バレーヌ（corps à la baleine）、すなわち鯨骨入りコルセットと呼ばれているから、この頃にはすでに鯨の髭が使われている。鉄製のコルセットも残されているが、こちらは矯正のための整形外科装具であろうと推測されている。バスキーヌと呼ばれる場合、これはバスクという地方名に由来するから、一六世紀ヨーロッパのモードを牽引したスペイン・モードに起源がある。

　一七世紀から一八世紀には、細い胴の強調よりも、胸の隆起を強調するかたちへと変化している。コルセットは、どのような体型をつくるか、時代の美意識に応じて微妙に変化をしていったのであり、その全盛期はもちろん下着の黄金時代、一九世紀であった。世紀初頭のシュミーズ・ドレスの流行で需要が減り、また丈も短く軽いコルセットだったのが、一八三〇年頃には、かつての重厚なコルセットに戻っている。コルセッ

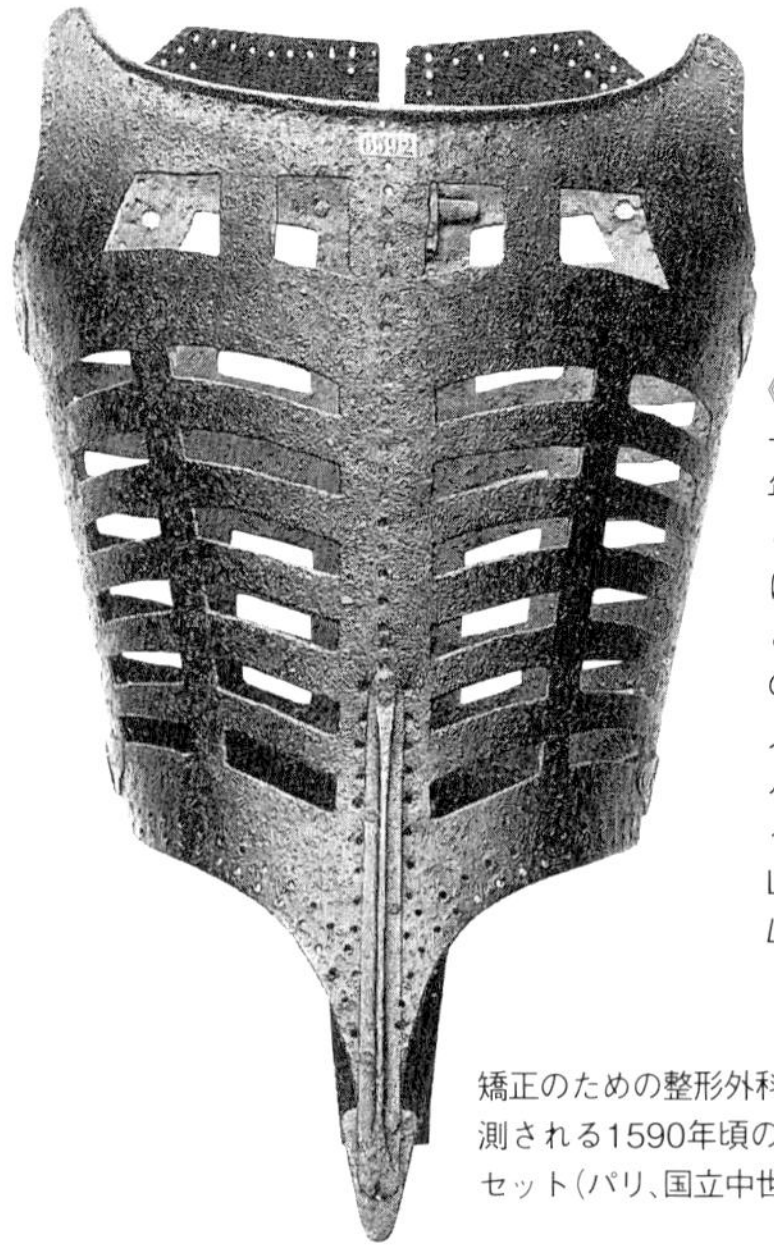

矯正のための整形外科道具と推測される1590年頃の鉄製コルセット（パリ、国立中世美術館）。

《フランスのテーラー》と題された1697年の版画。この頃から、婦人服の仕立ては、クチュリエールと呼ばれる女性職人の手に移り、男性職人のテーラーは、コルセットのみ手掛けることになった（F. Libron et H. Clouzot, *Le Corset* より）。

「ギャルリー・デ・モード」が伝える《流行のコルセットを試すテーラー》（リヨン市立図書館 Res, 24992, t. 1, pl. 85）。

ガヴァルニ画《やや、奇妙なことがあるものだ。今朝は一つ結びにしたのだが、晩になったら花結びになっている！》『シャリヴァリ』誌（1840年9月25日）。

ロンドンで制作されたカリカチュア、18世紀の《タイトレーシング》。

トの装着には他人の手を必要とするが、それを容易にする特許申請が一八二八年以前には二件しかなかったのが、この後およそ半世紀のあいだに六四件に増えているという数字もコルセットの普及を示している。

有閑階級のしるし

快適性と合理性に対する価値観が育ちながら、なぜ一九世紀は下着とコルセットの時代なのだろうか。この世紀には、女性ばかりか男性にもコルセットが装着された時期がある。すなわちダンディという名で、女性のような姿態が好まれた時期である。「女のような腰つき」と当時の小説が表現するように、砂時計のようにくびれたウエスト、さらに少女のような華奢な手や、足の小さいことが美男の条件とされたときである。このような男性像に対する美意識から気が付くことは、コルセットが有閑階級の非生産性のしるしとしての意味をもったということである。華奢な手や小さな足とは、労働を免れた上層階級に属することを示している。ダンディという風俗が、なによりも失われた貴族社会へのノスタルジーの上に成り立っているとするなら、その女性的なスタイルは貴族性の表象なのである。コルセットの装着も大量の下着の着用も、有閑階級にあることの証しである。

女性がコルセットを装着して腰を絞り、大量の下着でスカートを大きく広げた姿態は、ゆえに女性の非生産性を示しているが、ただし、こちらは家庭婦人としての非社会性のしるしである。一八五七年に、不健康なコルセットの装着を強要したのは母親たちであると、母親を断罪する興味深い書物がある。シャルル・デュボワの著わしたこの著作は、『五つの災厄についての考察』と題され、喫煙、酒、賭博、相場投機の四つにコルセットを加え、これらの災いを説いているが、コルセットに関し次のような台詞を口癖にしていたという夫人への言及がある。「腰をぎゅっと締めておかないといい結婚はできませんよ！　おまえの従姉たちをごらん、あのすばらしい財産は何のおかげだと思うの？」。コルセットの装着により細いウエストを実現することこそ、よき伴侶を得るために女性がとるべき手段であった。コルセットの装着が財産と社会的地位の向上に結び付くとなれば、プライベートな下着とはいえ、ここにその社会性を認識しなければならないだろう。

コルセットは女性の抑圧か、身体の解放か

五つの災厄を語る前述の書がコルセットを非難しているように、コルセットの装着に対する医学的見地からの批判は強かった。同じ一八五七年、ドゥベイ医師の『被服衛生』なる書物は、コルセットを着用する一〇〇人の娘のうち、二五人は胸の病気、一五人は初産で死亡、一五人は初産の後に病気がちとなり、一五人は畸形、三〇人だけは持ちこたえたが、さまざまな不快感に悩まされると、コルセットの廃止を訴えている。

　一方、コルセット擁護論も少なくなく、コルセットをめぐり賛否両論が繰り広げられた。そこに見えてくるのは、か弱い女性の身体という、女性の身体への一種の蔑視である。それは後述の乳児のスワドリングと同様に、身体の整形あるいは矯正という役目をもたせながら、乳児のそれは一八世紀には廃れたにもかかわらず、女性のコルセットが生き残った理由を、つまりコルセットが一九世紀になぜ全盛の時代を迎えたのか、その理由を示している。

　コルセット賛成者の基本的な意見は、女性の身体は脆弱であり、コルセットの支えがなければ身体を保ち得ないということである。頭や乳房や内臓の重みで身体は前傾し、必要なときにコルセットを使用しなかったために、脊柱の側面湾曲が急速に進行することもあると、彼らは主張する。女性の身体を劣ったものとみる、このような身体感は、要するに女性の社会的活動を禁じ、家庭婦人であることを最も望ましい女性の姿とする女性観とつながっている。要するに、これが女性のコルセットを存続させた理由なのである。実際、コルセットが使われなくなるのは、第一次世界大戦によって女性の労働が必要になったときである。代わって登場するのが、働きやすいように乳房を押さえる役目をするブラジャ

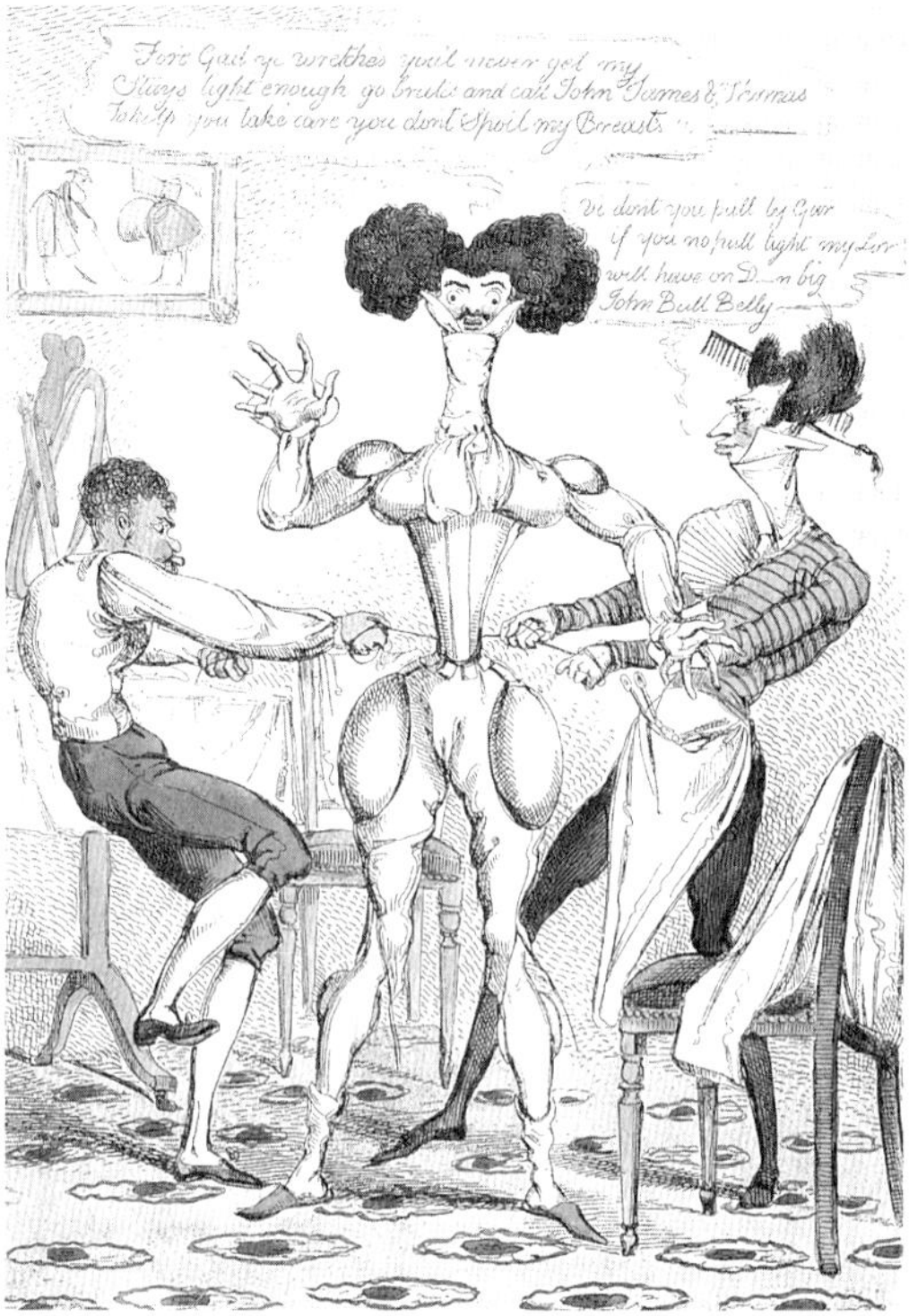

イギリスの戯画《ダンディのレーシング》。ダンディの風俗がロンドンを風靡したのは、1810–13年で、砂時計のように腰を細くしたとする記録があるから、コルセットを装着したのだろう。パリのダンディもまた女のような姿態が好まれ、初期にはコルセットをつけたようである。図はハイカラーも強調している。

ーである。

したがってコルセットをはずした二〇世紀初頭のファッションは、女性の身体を解放したと理解され、ゆえにコルセットは女性を抑圧するシンボルとして捉えられることが通例である。しかし一方で、コルセットの着装にこそ、自らの身体を加工することのできる女性たちの自由があると解釈されることもある。イギリスのヴィクトリア朝の下着文化を調査した戸谷理衣奈氏によれば、身体が隠され、身体に対する意識も表されてはならなかったヴィクトリア朝初期のモラルから、世紀後半へと女性の意識が変化するさまを捉え、タイトレーシングは、自らの身体に視線を注ぎ、かたちをつくる自由を女性が得たことを示していると述べている。タイトレーシングこそが、女性が自らの身体に目覚め、身体を感じることが許された結果であり、むしろ身体の解放を示していると言う。コルセットは女性の抑圧の象徴なのだろうか、それとも女性の身体が解放された証しなのだろうか、いずれの主張にも頷けるところがある。

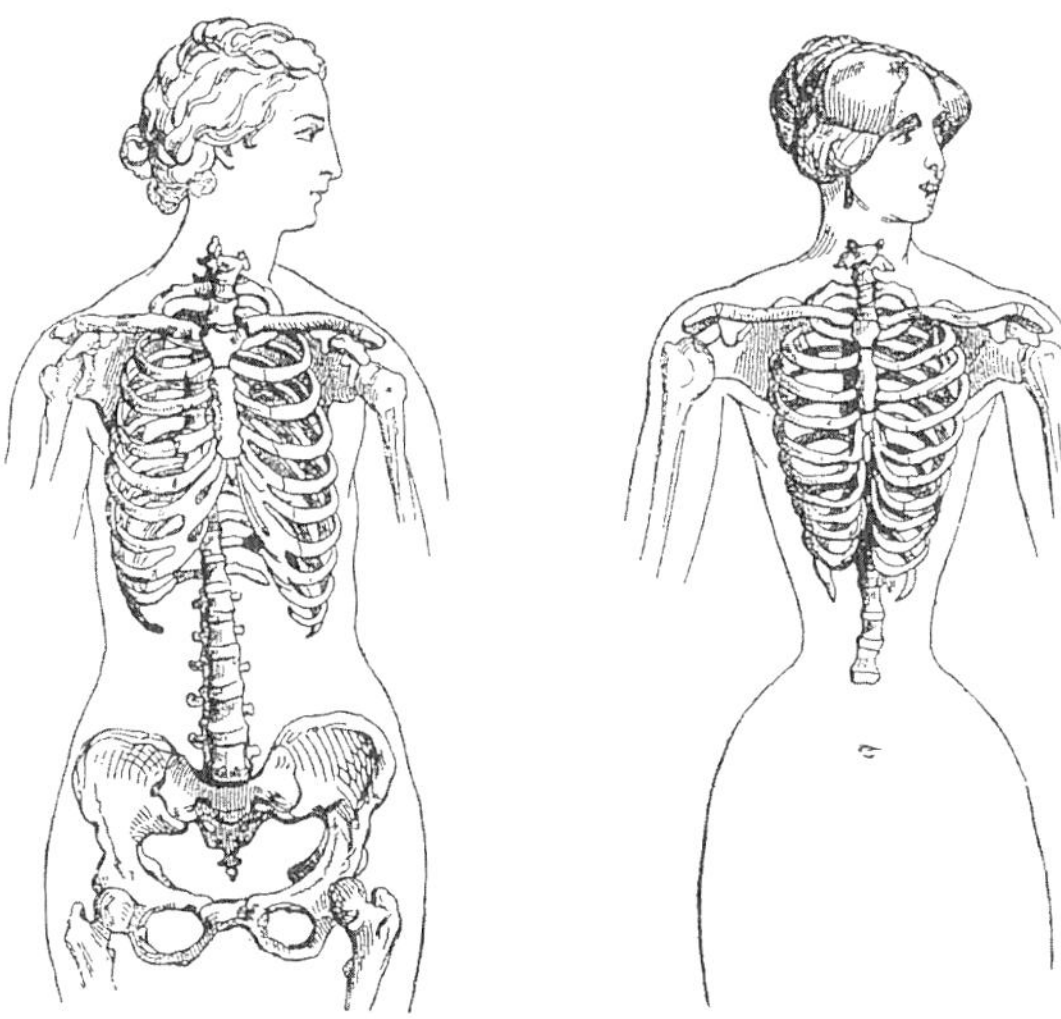

通常は左のような骨格だが、コルセットの装着で右のように変形した骨格を示す1898年ドイツで刊行された医学書から。

5 子ども服

中世に子ども服はなかったのか

子どもに独自の服装が登場するには、子ども期に特別の関心がもたれ、その固有性が認識されなければならない。子どもにあどけなさや、汚れのなさを感じ、純真無垢な存在として子どもを認めるとき、初めて子どもらしい服が生まれる。ヨーロッパの歴史のなかで、それが生まれたのは一七世紀のことであり、ゆえにそれまで子ども服は存在しない、というフランスの歴史家、フィリップ・アリエスが一九六〇年に『〈子供〉の誕生』で述べた見解は、今なお支持されているが、一方で部分的に反論も行われている。一六世紀のピーテル・ブリューゲルの作品《子どもの遊戯》のなかで遊ぶ子どもたちに、たしかに特に子どもらしい服装は見られない。

子どもは産着から解放されるや大人と同じ服装をし、「小さな大人」であったというアリエスのことばは有名だが、はたして中世から一六世紀まで「服装の上で大人から子どもを区別するものはなにもなかった」

と断じてよいのだろうか。すでに色彩の項で述べたように、緑や黄色や縞やミ・パルティという、芸人や奉公人の服装の特徴となる色や柄が、子どもには共有されていた事実は、子どもへの特別のまなざしを感じさせる。ここに筆者は、人格形成途上にある子どもへの一種の蔑視をみているが、子どもを特徴付ける色使いに、子どもの安全を願う中世人の気持ちをうかがわせる、次のような報告もある。

着装や付属品や色彩など些細な点ではあるが、中世に子どもに独自の服装があったことを記録と写本挿絵から検証したのは、ダニエル・アレクサンドル＝ビドンである。一三世紀にバルトロマエウス・アングリクスによって書かれた百科全書『事物の属性について』は、人生の世代区分とその特徴を語る一節を含み、そこには挿絵が添えられている。〇歳から七歳までを幼年期、七歳から一四歳までを少年期、一四歳から三〇歳までを青年期とする分類は、現代の感覚と大差はない。

その幼年期の特徴は、まず色彩に表れる。赤い服や黒い帯などを特徴とし、これは記録にも確かめられる。赤い珊瑚や赤いヒイラギの実がお守りとして好まれたように、赤色には麻疹や出血に効果があるとした中世の医学的知識が影響しているのだろう。赤い珊瑚のお守りは、首飾りや腕輪として、聖母子像の幼子イエスの姿にいくらでも描かれている。

ヴェネツィア派《聖母子》1480年代。幼子の着ている衣服はゴネルという、子ども独自の衣服であろう（サンクト・ペテルブルク、エルミタージュ美術館）。

乳児は後のフランス王ルイ14世。上半身は解放されているが、下半身はしっかり巻かれている。豪華なレースの産着が王太子の身分を示している。彼には乳母が8人ついたといい、この絵に描かれているのはその一人、王室財務官ジャン・ロンゲ・ド・ラ・ジロディエールの妻。

13世紀にバルトロマエウス・アングリクスがラテン語で書いた百科全書『事物の属性について』は、15世紀に各国語に訳され流布した。フランス語訳本が示す図の《人生の四世代》は、幼年期、青年期、成年期、老年期を示してわかりやすい。幼年期にある男の子が赤い服に黒い帯を締めているのは、いずれの色も子どもにふさわしいからである。青年が緑の服を着ているのも同様、成年が日常、緑の服を着ることはない（フランス国立図書館 Ms.fr.134 f.42v.）。

帯や、首にかけるお守り入れに好まれる黒もまた、まじないの効能が期待されていた。すなわち夜の悪夢払いである。たとえば黒檀の揺りかごに寝かせれば、赤ん坊が夜泣きをしないと信じられていた。そして決して大人の衣服には使われない、ゆえに幼児の衣服のみを指す「ゴネル」gonelle ということばも存在する。おそらく細長い布を半分に折り、頭を通す部分に開口部を付けて、両脇を留める幼児独特の衣服を指している。

ピエロ・デッラ・フランチェスカ画《セニガッリアの聖母》1470-72年。イエスの胸にかけられた首飾りが赤珊瑚であることは、枝状の様子からわかる。赤珊瑚は子どものお守りである（イタリア、国立マルケ州美術館）。

スワドリング

生まれたばかりの乳児は、スワドリング（swaddling clothes）と称される独特の産着を着せられる。首から足首までを布地でくるみ、紐やリボンで巻いて固定する産着である。紐やリボンで縛るのは、ボタンが存在しない時代の着装の手段であるが、このような産着は一八世紀まで存続したから、単に物理的な要請によったのではない。イタリアにその例が多いように、包帯で巻かれたミイラのように、隙間なく巻くのはなぜなのだろうか。ここにもまた子どもの無事な成長を願う気持ちが込められている。

　産着を着せるには、伸ばした両脚の上にクッションを置き、その上に毛織物の四角い布、次に亜麻の布を重ね、その上に乳児を寝かせて、二枚の布で子どもをくるむ。亜麻布はいわば肌着であり、その上に寒さを防ぐために毛織物を重ねる。そして、紐をかけて縛るか、リボンでぐるぐると巻く。布地は子どもの頭部を覆うこともあり、また半年ほど過ぎれば、子どもがものを掴む訓練を始められるように、上半身は解放される。

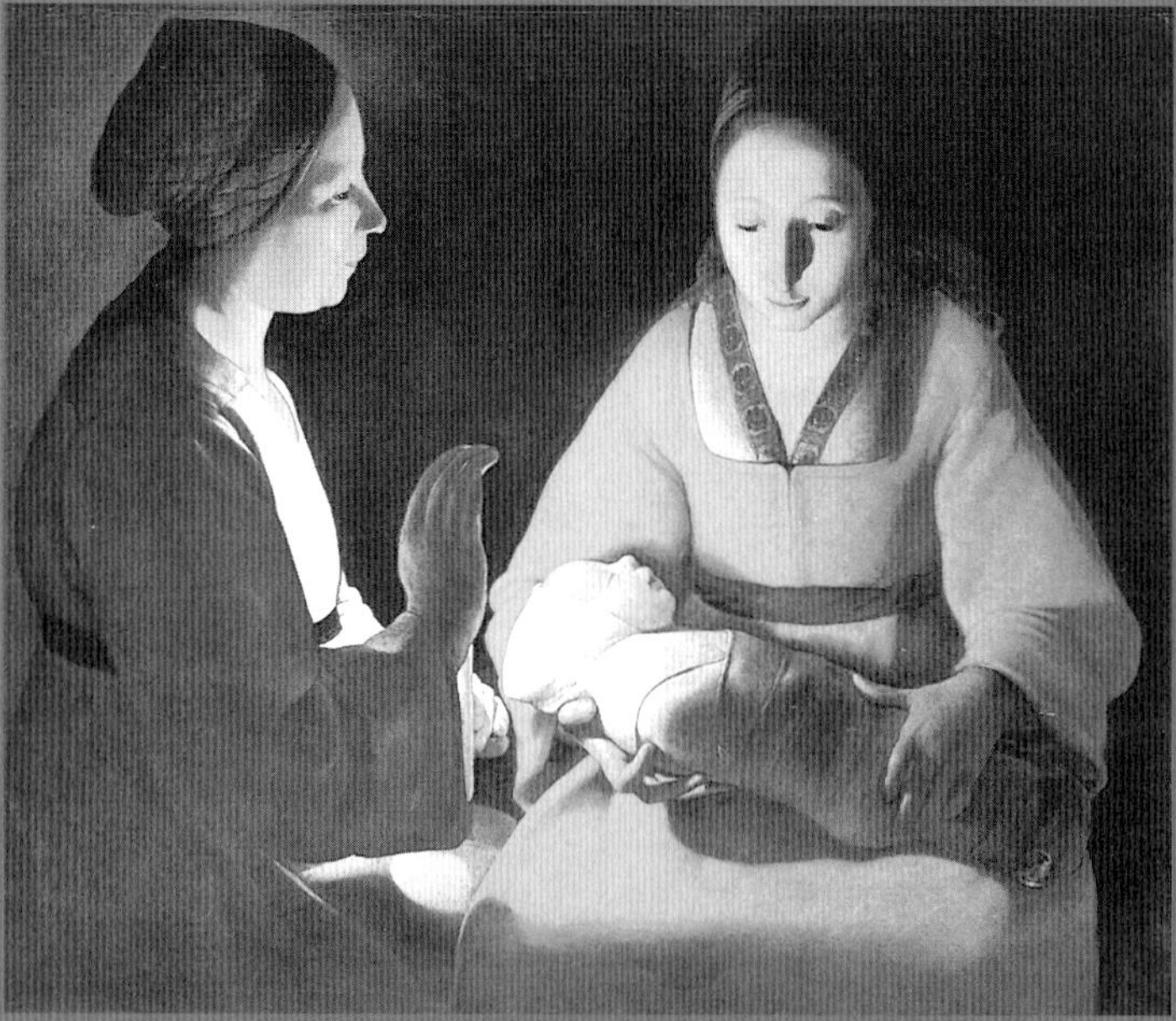

ジョルジュ・ド・ラ・トゥール画《聖誕》1645年頃。庶民の赤ん坊も同じように巻かれる（フランス、レンヌ美術館）。

シエナ、スカラ施療院に残る1441–42年制作のドメニコ・ディ・バルトロの壁画。イタリアでは、幅の広いリボンで隙間なく、包帯で巻くように子どもを巻くのが特徴である。

乳児をこのように身動きがとれない状態に置くことには、西洋人が子どもの這い歩きを獣性として嫌ったこと、あるいは農作業に出る農民の留守中に狼に襲われないように、高い杭に引っ掛けるのに便利であったことなどが理由としていわれてきたが、中世の医学書や百科全書が語るのは、コルセットと同様に、もっぱら身体の整形という目的である。バルトロマエウス・アングリクスは先述の書物で、「まっすぐに手足を保ち、子どもの身体が決して醜くならないように」スワドリングを勧め、当時の医者も同様であった。もちろん不用意に動き、転落による怪我という事態を避けることも含め、身体の健やかな成長を考えた上での対処である。しばしばリボンの端から見える毛織物が赤く塗られている挿絵に出会うが、これもまた赤い布に魔よけの効能が信じられたからである。

スワドリングは決して身動きがとれないほど固く巻かれていたわけではなく、足首が動かせるように、場合によっては椅子に座る姿勢もとれるほど柔軟に巻かれていたと推測されている。スワドリングはせいぜい生後一年に限った産着であり、そして赤ん坊は一日中巻かれていたわけ

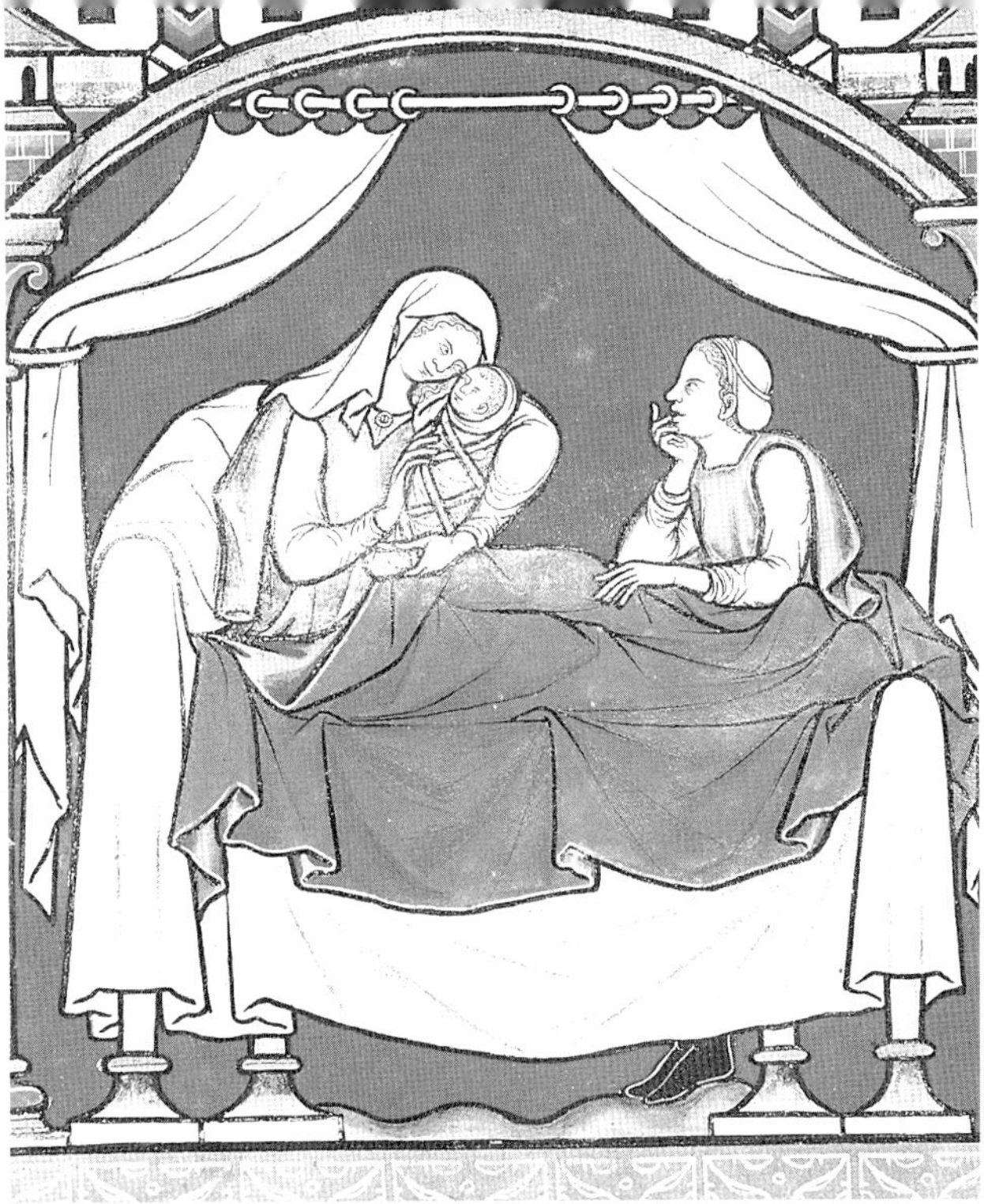

《サミュエルの誕生》『聖書』13世紀。イタリア以外の国では、細いリボンで布を固定するように巻くのが一般である（ニューヨーク、モルガン・ライブラリー Bible Maciejowski, f.19）。

赤ん坊をくるむ乳母は脚を伸ばして、その上にクッションを置き、ウールとリンネルの二枚を重ねて広げる。乳児をその上に寝かせてくるむ様子を教える珍しい挿絵である（フランス国立図書館 Ms.lat. 886 f.336）。

ミイラのように巻かれた15世紀のイタリアの赤ん坊（ヴェネツィア、マルチアーナ図書館 Cod. Lat IX f.133v.）。

ベラスケス画《王子フェリペ》1660年。ズボンをはく前、男児も女児のようにローブを着る。さまざまなお守りが下がっているが、向かって左に腰から下がる角笛型のお守りは今日なお使われ、子どもを悪運から守る。前中央に下がる小さな鐘は狂気から子どもを守る（ウィーン、美術史美術館）。

ではない。かなりの頻度で、すっかり脱がされて、食事・排泄・入浴が行われたようである。今日のおむつに当たると思われるものは、記録にも図像にも中世には確かめられておらず、このことも頻繁に裸にさせたことを裏付ける。

男児のスカートと「水夫風」男児服

アリエスが挙げる、一七世紀に現れる子どもに特徴的な服装とは、男児のスカートのことである。男児が女児と同じ服装をするこの習慣は一九世紀まで確実に続き、消滅するのは一九一四年の大戦以降であるといわれるから、長く続いた慣習である。幼年期の男児が着用するスカートとは、実はスカートというより、丈長のワンピース状のローブであるという方が正確であろう。

ローブは幼児の衣服として、スワドリングの産着を脱いだのちに着用され、それは男の子としてズボンをはくようになるまで着られる。つまりローブとは、男女の性別のない衣服であり、男の子にも女の子にも等しく着られた服である。要するに性の区別が服装によってなされないということが、子ども期の特徴なのである。ローブから大人の服、つまりズボンへと着替えるのがいつかは、時代によって異なるようだが、一七世紀初期には七歳から八歳、後期には四、五歳を境に着替えが行われた。つまりこれが性のない幼児から男の子への移行である。

子どもの服装が、子どもの行動に

「ギャルリー・デ・モード」誌が示す《子どもたち》。中央の男の子が着ているのが、18世紀に流行した水夫風男児服である（文化女子大学図書館）。

「ギャルリー・デ・モード」誌が伝える《散歩中に授乳する女性》。上層階級の女性は子どもを里子に出すのがそれまでの習慣であったから、母親自らが授乳する新しい母親像を示している（R.-A. Weigent, *Galerie des modes* より）。

ふさわしく、着心地のよさが配慮されるようになるには、一八世紀を待たねばならない。このような意識の変化には、一七六二年にルソーが著わした教育論『エミール』の影響が知られている。性差によって異なる教育の必要を説いたこの書はフランスでは禁書とされたが、広く流布し、読み継がれた。自然の状態をなによりもよしとした彼の主張は、子どもにふさわしい服装の意識改革を促し、スワドリングの習慣が消滅するのにも貢献した。

一八世紀後半は、ゆえに子どもらしい服装が目に見えて登場する時期である。ファッションの流行を伝えた「ギャルリー・デ・モード」誌に子どもと母親を描いた版画が登場し、そこに子ども服が提示されるようになるのも、この新しい時代の風潮を伝えている。それまで乳母に預けられて育てられた上層階級の子どもは、今や母親のもとで育てられるようになる。散歩の途中で母乳を与えている母親の姿は、新しい母親像である。そして子ども服として「水夫風」男児服が現れるのも同じ頃である。マ

ハントリー＆パーマース・ビスケットの広告、1892年（パリ、フォルネィ図書館）。

エリザベート・ヴィジェ=ルブラン画《マリー・アントワネットと子どもたち》1787年。水夫風の男児服を着た右端のルイ=ジョセフは、2年後の革命勃発の年に夭折する。抱かれているルイ=シャルルは1785年に生まれ、父王の処刑後ルイ17世を名乗るが、1795年に獄屋で病死する（ヴェルサイユ美術館）。

「フェミナ」誌（1905年10 月1日号）が掲載するデンマーク王子の子どもたち。男の子がそろってセーラー服を着ているのは、海軍兵学校に学んでいるからである。

リー・アントワネットの子どもたちを描いたヴィジェ＝ルブランの作品には、王太子ルイが水夫風のズボン姿で描かれている。一方、女児は、大人の女性と同じようなパニエで膨らませたスカートを着用するが、エプロンだけは前世紀から続いている子どものしるしである。

いわゆるセーラー服は、もともと一八五七年にイギリス海軍が制定した水兵の制服にさかのぼる。やがてイギリスの海軍幼年学校がこれを制服とし、これが男児服として流行、世紀末から二〇世紀にかけて世界的規模で普及した。

あとがき

ひとは、さまざまなかたちの衣服をつくり、それを着てきた。それぞれの時代の造形意思が、多彩な服飾を生み、それは、ひとの身につけられると、社会のなかで意味を獲得し、多様なメッセージを発してきた。衣服は、それぞれの時代と社会のなかで、そこに生きた人びとの生活感情を映し出す鏡ともいえる。衣服の歴史はゆえに時代感情を知るための恰好の対象であるが、しかしその解読は必ずしもやさしくはない。造形としての面白さと、表現としての豊かさ、この両者をいかにして語るべきか、長い時間と広い空間を対象とするヨーロッパ服飾史にとっては特に難しい課題である。しかも、衣服という造形から、ことばを通してその意味を探求する際、ことばと造形の双方が勝手に揺れ動き、同じことばが常に同じデザインを指すわけではないのである。一つの服飾語が指す造形のヴァリエーションは無限である。さらに造形資料として、服飾史は描かれた絵画作品に頼るが、ここには絵画様式の問題が立ちはだかる。

多くの困難はあるが、本書は服飾の造形と表現の両者に配慮しつつ、造形とことばと表現、これらのあいだを行き来しながらヨーロッパ服飾史のアウトラインを述べたつもりである。第一・二章では、衣服のかたちや飾り、色や模様、あるいは着装のありかたなど、衣服の形象の側面から、第三・四章では異文化接触、異国・懐古趣味、ジェンダー、子どもなどをめぐる社会表象の側面から、それぞれ歴史のなかの顕著な事例を拾ってみた。ヨーロッパ服飾史とは言いながら、本書はフランスを中心とした、わずかな事象をつないで語っているにすぎない。とはいえ、この十数年の間に服飾史は国内外でめだった展開を遂げており、本書はそれら最新の成果を盛り込んでいる。使わせていただいた研究書・論文に深く感謝している。

二〇一〇年一月

徳井淑子

Photo Credits：Bibliothèque nationale de France, p.5下, p.8左上, p.8下, p.10上, p.10下, p.11上, p.11下, p.12下, p.47上, p.48上, p.52, p.53上, p.53中, p.53下, p.55, p.56, p.78上, p.80下, p.81右上, p.81左上, p.84上, p.92, p.101上, p.103中／Bibliothèque municipale de Lyon, Didier Nicole. P.23下, p.24上, p.63, p.77, p.96下／文化女子大学図書館, p.25上, p.25下, p.39左, p.39中, p.39右, p.50右上, p.62右, p.65左, p.67, p.69, p.70, p.74, p.87左, p.105左／坂本満氏, p.81下

索引

あ

か

さ

た

横川公子（編）『服飾を生きる―文化のコンテクスト』化学同人、1999年

エリザベス・ユウイング『こども服の歴史』能澤慧子・杉浦悦子訳、東京堂出版、2016年

Jane Ashelford, *Dress in the age of Elizabeth I*, Holmes & Meier, New York, 1988

François Boucher, *Histoire du costume en Occident*, Flammarion, Paris, 1996

Patricia A. Cunningham, *Reforming Women's fashion, 1850–1920, Politics, Health, and Art*, The Kent State U. P., Kent / London, 2003

Madeleine Delpierre, *Dress in France in the Eighteenth Century*, Yale U.P., New Haven / London, 1997

Mary Trasko, *Histoire des Coiffures extraordinaires*, Flammarion, Paris, 1994

Raymond Gaudriault, *La gravure de mode féminine en France*, Editions de L'Amateur, Paris, 1983

Paul Gerbod, *Histoire de la coiffure et des coiffeurs*, Larousse, Paris, 1995

F. Libron et H. Clouzot, *Le Corset dans l'art et les mœurs du XIIIe au XXe siècle*, Paris. 1933（Tokyo, Athena Press, 2007）

Silvia Malaguzzi, *Bijoux, pierres et objets précieux*, Hazan, Paris, 2008

Odile Pascal et Magali Pascal, *Histoire du costume d'Arles*, Octavo Editions, Arles, 1992

Nicole Pellegrin, *Les Vêtements de la liberté*, Alinéa, Aix-en-Provence, 1989

Philippe Perrot, *Le Travail des apparences ou les Transformations du corps féminin*, Seuil, Paris, 1984

F. Piponnier et P. Mane, *Se vêtir au Moyen âge*, Adam Biro, Paris, 1995

Aileen Ribeiro, *Fashion in the French Revolution*, New York, Holmes & Meier,1988

Aileen Ribeiro, *The Art of Dress: Fashion in England and France 1750–1820*, Yale U.P., New Haven, 1995

Aileen Ribeiro, *Ingres in Fashion: Representations of dress and Appearance in Ingre's Images of Women*, Yale U.P., New Haven, 1999

Daniel Roche, *La Culture des apparences, une histoire du vêtement, XVIIe-XVIIIe siècle*, Fayard, Paris, 1989

Valerie Steele, *Paris Fashion*, Berg, New York / Oxford, 1998

Valerie Steele, *The Corset: A Cultural History*, New Haven, Yale U. P., 2001

Lou Taylor, *The Study of dress history*, Manchester U.P., Manchester / New York, 2002

Le Vêtement, Cahiers du Léopard d'Or, No.1, Paris, 1989

●論文

辻ますみ「シャムワズ―ルイ一四世時代の一流行とフランス綿産業」『服飾美学』第26号、79–94頁、1997年

西浦麻美子「18世紀末フランスにおけるアンリ四世モード―王妃の舞踏会1774–1776年を中心に」『服飾文化学会誌』第3巻、35–47頁、2002年

西浦麻美子「18世紀後半フランスにおけるイギリス・モード―シャルトル公を中心に」『日本18世紀学会年報』第22号、40–53頁、2007年

林精子「《カフェを飲むスルタンヌ》におけるポンパドゥール夫人のトルコ風衣装」『服飾文化学会誌』第8巻、23–33頁、2007年

●展覧会カタログ

『華麗な革命』京都服飾文化研究財団／京都国立近代美術館他、1989年

『モードのジャポニスム』京都服飾文化研究財団、1994年

『モードと諷刺』栃木県立美術館、1995年

『モードのジャポニスム』京都服飾文化研究財団、1996年

『身体の夢：ファッションOR見えないコルセット』京都服飾文化研究財団、1999年

『パリ・モード1870-1960』東京都庭園美術館、1999年

『ヨーロッパ・ジュエリーの400年：ルネサンスからアール・デコまで』東京都庭園美術館、2003年

『ポワレとフォルチュニィ』東京都庭園美術館、2009年

『ラグジュアリー―ファッションの欲望』京都服飾文化研究財団、2009年

『こどもとファッション』島根県立石見美術館／神戸ファッション美術館／東京都庭園美術館、2016年

『ファッションとアート―麗しき東西交流』横浜美術館、2017年

『ガブリエル・シャネル展：manifeste de mode』三菱一号館美術館、2022年

The Age of Napoleon: Costume from Revolution to Empire, 1789–1815, Metropolitan Museum of Art, New York, 1989

Garde-robes: intimités dévoilées, Musée de la mode et du textile, Paris, 1999

L'impressionnisme et la mode, Flammarion, Paris, 2012

La Mécanique des dessous, Les Arts Décoratifs, Paris, 2013

参考文献

●単行書

朝倉三枝『ソニア・ドローネー—服飾芸術の誕生』ブリュッケ、2010年

池田孝江『ジョルジュ・サンドはなぜ男装をしたか』平凡社、1988年

伊藤亜紀『色彩の回廊—ルネサンス文芸における服飾表象について』ありな書房、2002年

伊藤亜紀『青を着る人びと』東信堂、2016年

内村理奈『モードの身体史—近世フランスの服飾にみる清潔・ふるまい・逸脱の文化』悠書館、2013年

内村理奈『名画のドレス—拡大でみる60の服飾小事典』平凡社、2021年

内村理奈『名画のコスチューム—拡大でみる60の職業小事典』創元社、2023年

ジョルジュ・ヴィガレロ『清潔になる〈私〉—身体管理の文化誌』見市雅俊監訳、同文舘、1994年

古賀令子『コルセットの文化史』青弓社、2004年

ニーナ・エドワーズ『白の服飾史—ひとはなぜ「白」を着るのか』高里ひろ訳、原書房、2023年

リディア・エドワーズ『写真でたどる美しいドレス図鑑』徳井淑子日本語版監修・訳、小山直子訳、河出書房新社、2021年

リディア・エドワーズ『写真でたどる麗しの紳士服図鑑』辻元よしふみ・辻元玲子日本語版監修・訳、河出書房新社、2023年

エドモン&ジュール・ド・ゴンクール『ゴンクール兄弟の見た18世紀の女性』鈴木豊訳、平凡社、1994年

坂井妙子『ウエディングドレスはなぜ白いのか』勁草書房、1997年

セシル・サンローラン『女の下着の歴史』深井晃子訳、文化出版局、1981年

周防珠実他（編集）、深井晃子（監修）『ファッション：18世紀から現代まで：京都服飾文化研究財団コレクション』タッシェン、2004年

ルーシー・ジョンストン、マリオン・カイト、ヘレン・パーソン『19世紀ファッションのディテール』石上美紀監修、ダコスタ吉村花子訳、グラフィック社、2024年

ミリア・ダヴンポート『服装の書』2巻、元井能監修、岩崎雅美他訳、関西衣生活研究会、1992年

角田奈歩『パリの服飾品小売とモード商：1760-1830』悠書館、2013年

徳井淑子『服飾の中世』勁草書房、1995年

徳井淑子『黒の服飾史』（新装版）河出書房新社、2024年

徳井淑子『中世ヨーロッパの色彩世界』講談社学術文庫、2023年

戸矢理衣奈『下着の誕生—ヴィクトリア朝の社会史』講談社、2000年

新實五穂『社会表象としての服飾—近代フランスにおける異性装の研究』東信堂、2010年

能澤慧子『二十世紀モード』講談社、1994年

ジョン・ハーヴェイ『黒服』太田良子訳、研究社出版、1997年

ミシェル・パストゥロー『縞模様の歴史—悪魔の布』松村剛・松村恵理訳、白水社、2004年

ミシェル・パストゥロー『青の歴史』松村恵理・松村剛訳、筑摩書房、2005年

ロジータ・ピセツキー『モードのイタリア史　流行・社会・文化』池田孝江監修、平凡社、1987年

ベアトリス・フォンタネル『図説ドレスの下の歴史—女性の衣装と身体の2000年』吉田晴美訳、原書房、2001年

フランソワーズ・ピポニエ他『中世衣生活誌—日常風景から想像世界まで』徳井淑子編訳、勁草書房、2000年

深井晃子『ジャポニスム イン ファッション』平凡社、1994年

深井晃子『ファッションの世紀—共振する20世紀のファッションとアート』平凡社、2005年

深井晃子『ファッションから名画を読む』PHP新書、2009年

深井晃子（監修）『カラー版世界服飾史』（増補新装版）美術出版社、2010年

深井晃子『きものとジャポニスム—西洋の眼が見た日本の美意識』平凡社、2017年

深沢克己『商人と更紗—近世フランス=レヴァント貿易史研究』東京大学出版会、2007年

ブランシュ・ペイン『ファッションの歴史』古賀敬子訳、八坂書房、2006年

マックス・フォン・ベーン『モードの生活文化史』永野藤夫・井本晌二訳、河出書房新社、1990年

ジャック・プルースト（監修・解説）『フランス百科全書絵引』平凡社、1985年

ジョゼット・ブレディフ『フランスの更紗』深井晃子訳、平凡社、1990年

フィリップ・ペロー『衣服のアルケオロジー』大矢タカヤス訳、文化出版局、1985年

アン・ホランダー『性とスーツ』中野香織訳、白水社、1997年

M.G. ムッツァレッリ『イタリア・モード小史』伊藤亜紀・山崎彩・田口かおり・河田淳訳、知泉書館、2014年

●著者略歴

徳井淑子（とくい・よしこ）
一九八四年、お茶の水女子大学大学院人間文化研究科博士課程単位取得満期退学。お茶の水女子大学名誉教授。専攻はフランス服飾・文化史。著書に『涙と眼の文化史』（東信堂、二〇一二年）、『黒の服飾史』（河出書房新社、二〇一九年、新装版二〇二四年）、『中世ヨーロッパの色彩世界』（講談社、二〇二三年）など、共著に『カラー版世界服飾史』（美術出版社、増補新装版二〇一〇年）、『フランス・モード史への招待』（悠書館、二〇一六年）など、共訳書に『写真でたどる 美しいドレス図鑑』（河出書房新社、二〇二一年）などがある。

ふくろうの本

改訂版
図説 ヨーロッパ服飾史

二〇一〇年 三 月三〇日初版発行
二〇二五年 二 月一八日改訂版初版印刷
二〇二五年 二 月二八日改訂版初版発行

著者…………………………徳井淑子
装幀・デザイン…………ヒロ工房
発行者………………………小野寺優
発行…………………………株式会社河出書房新社
〒一六二-八五四四
東京都新宿区東五軒町二-一三
電話 〇三-三四〇四-一二〇一（営業）
〇三-三四〇四-八六一一（編集）
https://www.kawade.co.jp/
印刷…………………………大日本印刷株式会社
製本…………………………加藤製本株式会社

Printed in Japan
ISBN978-4-309-76338-5